EL QUE BUSCA ENCUENTRA

Jacqueline F. Jardel

EL QUE BUSCA ENCUENTRA

Secretos de un Head Hunter para conseguir el trabajo que tú quieres.

Dedicatoria

Para Amélie, mi hija, mi mayor motivación, mi maestra: te amo con toda el alma.

Para mi mamá, mi papá, mi hermano Juan y mi hermana Fer, por su ejemplo y su amor incondicional.

Para Oscar, mi primera colocación y mi gran amigo.

Para Ruth, Jens, Carlos, Susana, Marisa y Carmen, que me enseñaron la profesión más hermosa.

Para Zyanya, mi mano derecha, sin tu ayuda este libro no hubiera sido posible.

Para nuestra Laly, sin ti tampoco podría haberlo logrado.

ÍNDICE

Introducción

Nosotros te llamamos

Cuando no estás bien, no te va bien

Cuando colgué el teléfono casi no lo creía. Ahí estaba yo, con esa energía y seguridad que te da el saber que te luciste, saber que aún eres atractiva para los reclutadores. Terminé la llamada y sabía que había dado una entrevista excelente, la verdad es que me lucí en menos de treinta minutos. No cabía duda de que di lo mejor de mí, me sentía la más exitosa del universo. Definitivamente ese empleo era mío.

Llena de felicidad llevé las manos hasta mi vientre, tenía siete meses de embarazo, todo rastro de incertidumbre había desaparecido y me atreví a pensar: "Vamos a estar bien".

Con la certeza que me daba saber que en menos de tres días me llamarían, me di el permiso para comenzar a soñar. En mi cabeza los planes se sucedían de forma acelerada, así que sin perder ni un segundo me puse a buscar el departamento soñado. ¡Todo era tan perfecto! Estaba a punto de obtener el trabajo ideal, me mudaría a la Ciudad de México, formaría parte de una gran empresa. No cabía en mí de la emoción.

Tal y como había quedado al finalizar la entrevista, envié mi currículo con plena confianza en que a los pocos días recibiría la llamada telefónica que sonaría en mis oídos como el canto de las sirenas.

Con la euforia aún latente, continué elaborando planes, prácticamente tenía las maletas hechas. Sabía que la llamada no llegaría de inmediato, estarían evaluando al resto de los candidatos, aunque ¿para qué? Si el puesto ya era mío. Me lo habían dicho: yo tenía la energía que ellos andaban buscando.

El segundo día, empecé a preocuparme un poco, me extrañó que no hubiesen respondido siquiera para confirmar la recepción de mi currículum. Decidí darle una oportunidad a este nuevo sueño, entendí que todo proceso requiere su tiempo. Cuando llegó la noche, la inquietud se había tornado en angustia, comencé a contemplar la posibilidad de que posiblemente esa historia no tendría el final feliz que yo esperaba.

Al tercer día tuve la certeza de que no llamarían, visualicé el equipaje que se había quedado a medio hacer, miré en el monitor las imágenes del departamento que había elegido, cerré la página y en ese instante todo se desinfló: sueños, esperanzas, ilusiones. Todos mis planes quedaron en nada.

Tenía siete meses de embarazo, sin nadie que me ayudara. Había centrado todas mis expectativas de un futuro seguro para mi hija, de un sueldo seguro después de tantos años como profesionista independiente, en una llamada que nunca llegó. Pasé de creerme la non plus ultra a sentirme la peor. ¿Cómo era posible que me hubiese sucedido esto precisamente a mí que llevaba todo un camino recorrido como reclutadora? ¿A mí, que me especializaba en ENCONTRAR TALENTO y contaba con el entrenamiento para dar una entrevista perfecta? ¿Qué había sucedido?

Luego del shock inicial, comencé a preguntarme qué hice mal. Mi primer impulso fue echarle la culpa a una política de discriminación de la empresa, ya que durante esa primera y única conferencia me sentí tan confiada que decidí hablar abiertamente sobre mi embarazo, la respuesta que recibí fue: "No te preocupes, esta empresa no discrimina". Obviamente, no había sido así, había mostrado demasiada hambre, tal vez me faltó hablar más de mis logros en términos numéricos, tal vez me faltó desarrollar más mis habilidades como líder, tal vez el hecho de llevar tantos años por mi cuenta les haga pensar que no puedo seguir órdenes o trabajar con un jefe, había tanto en mi cabeza.

Sin embargo, esa conclusión, este silencio, este ciclo sin cerrar, está respuesta tácita por obvia que fuera, no me bastaba, así que al mirar las cosas desde otra perspectiva me encontré preguntándome: ¿Qué pude haber hecho diferente? En ese momento la respuesta fue muy clara: "Cuando no estás, bien no te va bien".

El no recibir esa llamada fue un golpe muy fuerte para mi ego, pero también una oportunidad para darme cuenta de que por más que en aquella entrevista yo hubiese estado llena de energía y entusiasmo, lo cierto es que también tenía muchas dudas debido a mi futuro como mamá soltera. Mi formación como terapeuta inevitablemente me hace una persona que se cuestiona a un nivel más profundo, observé mis acciones, mis emociones, mis inseguridades, las expectativas que me formé, cómo ellas habían tomado un control inconsciente de la entrevista, terminé por reconocer que durante la charla, yo había permitido que mis dudas y mis inseguridades me definieran.

No te vende tu currículum, te vende tu actitud

Lo que aprendí de esa experiencia, que representó un antes y un después en la forma de enfocar mi trabajo, fue que, si bien las dudas están presentes, ellas no definen mi valor como persona, la clave está en cómo hacer para que dejen de sabotearme. Allí surge uno de los pilares fundamentales de todo este proceso: ¿Cómo transmitir nuestro valor a la otra persona? Porque al final de eso se trata. Fue entonces cuando me di cuenta de que la piedra angular de todo reside en la actitud.

Me di cuenta de que no importan los años de experiencia que tengas, si no trabajas la actitud y la autoconfianza es muy difícil que tengas éxito, y eso vale no solo para conseguir el trabajo de tus sueños, sino para cualquier proyecto que emprendas.

Para mí fue impresionante caer en cuenta de cómo una entrevista que no duró más de treinta minutos despertó en mí todo un mundo de expectativas y luego, el hecho de no recibir una llamada que yo consideraba "un hecho", me sumió en un pozo de negatividad, desatando en mí un fuerte proceso de cuestionamiento y autocrítica. Mis dudas y mi falta de autoconfianza no solo me habían impedido obtener ese trabajo, sino que afectaron mi vida de forma muy negativa durante varias semanas, me deprimí, bajé mi productividad, dejé de crecer en mí, todo por una llamada.

Pero fue justamente ese momento crítico lo que me permitió llegar a la conclusión respecto a la actitud, pues si nuestra autoconfianza, esa capacidad de saber que somos capaces de tomar la mejor decisión o de realizar lo que decidimos con éxito, depende de la aprobación del otro, siempre estaremos entregando nuestro poder a otra persona, en el caso de la búsqueda del trabajo ideal le entregamos este poder a los reclutadores o posibles jefes.

Si sólo cuando nuestro jefe o quién sea, nos hace un halago sobre nuestro desempeño o persona, nos sentimos valorados. Si cuando alguien nos busca, escuchamos el canto de las sirenas y se despierta en nosotros el síndrome del pavorreal o esta falsa seguridad. Si el recibir aprobación externa nos llenó de poder, es ahí cuando tenemos que recuperar nuestra autoconfianza.

Espero que la lección más importante que te transmitan estas líneas sea que ganes confianza en ti mismo, seguridad y autoestima para manejar tu proceso de reclutamiento de la mejor manera, de modo que no entregues a los reclutadores el poder de hacerte pedazos una y otra vez durante las entrevistas y que jamás vuelvas a poner en riesgo tu amor propio, tu felicidad e incluso el respeto hacia ti mismo. Que esta seguridad y energía renovada, haga que en cada entrevista des lo mejor de ti, te vendas de la mejor manera y te puedas dar cuenta si es el trabajo de tus sueños y que lo hagas tuyo.

¿Qué hago ahora que estoy del otro lado?

Esa fue una de las preguntas que surgieron en medio de aquella crisis. A partir de esa experiencia pude tomar consciencia, como reclutadora, de que tenía que cuidar a los candidatos, pues ellos sienten lo mismo que yo sentí. Eso logró despertar en mí esta capacidad de poder entender el proceso interno que vive cada persona con la que tengo un contacto laboral, comprendí que detrás de cada llamada que hago ofreciendo un nuevo trabajo está en juego la vida de una persona con todo un cúmulo de expectativas. Con este libro espero transmitirte esa visión no solo a ti que estás en el proceso de búsqueda, sino a la gente de Recursos Humanos para que cada interacción que tengamos sea más respetuosa y empática.

He decidido y he trabajado todos los días de mi vida laboral y personal desde aquel entonces, en crear una experiencia de reclutamiento que nos deje a todos un aprendizaje, a través de la honestidad, el respeto, la empatía y la amabilidad.

Mi sueño es que este libro se convierta en la guía más clara y completa para ayudar a la mayor cantidad de personas a encontrar y quedarse en su trabajo ideal y así disfrutar la paz y felicidad que esto trae a nuestras vidas.

Espero que a través de estas líneas puedas darte cuenta de que la clave para lograr esto está en ti, en tu actitud.

Pero, antes de todo… ¿Cómo es que llegué hasta aquí? y ¿Quién soy yo para decirte todo esto?

Mi historia

No siempre tuve la claridad y la pasión que

tengo ahora por el trabajo de buscar talento. Yo estudié Administración en Cuernavaca, México, cuando estaba cursando el séptimo semestre me dije: Administración no es lo mío, lo mío es la Psicología, esa es mi pasión de vida, así que en el octavo semestre le dije a mi mamá: "¿Qué crees? Me voy a poner a estudiar Psicología". Ella me respondió: "Estás loca, ya hemos gastado mucho, así que te quedas ahí hasta que te gradúes". Al final lo que hice fue estudiar a la par Administración y Psicoterapia, esa combinación me ayudó a empezar a darme cuenta de que lo mío era ayudar a las personas a encontrar su trabajo ideal desde el área de Recursos Humanos.

Una de las empresas donde realicé mis prácticas, fue en Banamex Corporativo, yo soñaba con que ellos me ofrecieran un trabajo, ya casi los escuchaba decir: "Vente con nosotros, aquí tienes una posición segura en Recursos Humanos", sin embargo, lo que me dijeron fue: "No tenemos nada en Recursos Humanos, pero tenemos algo en Operación de créditos". Primera gran lección laboral, no se parecía en nada a mi sueño, como estaba desesperada por salir de Cuernavaca y ser independiente, acepté.

Durante seis meses, mi vida se redujo a cargar datos en siete sistemas diferentes, de una montaña de papeles que encontraba todas las mañanas sobre mi escritorio. Había que cotejar los datos, verificar las identificaciones,   contar los ceros de forma manual una y otra vez antes de cargar la información. Sentí como mi espíritu se iba decolorando y mis sueños se enterraban, hasta que un día fui hasta la oficina de mi jefe y le dije: "me encanta trabajar contigo, pero no puedo más, te agradezco la oportunidad", así que renuncié.

Comencé a buscar trabajo en RH, pero solo conseguí en Ventas. Estuve trabajando como año y medio en esa área y me fue muy bien. La competencia, una empresa muy importante del ramo me buscó, me ofreció mejores condiciones y acepté la oferta. ¡Me sentí soñada! Me fui a trabajar ahí intoxicada por mi ego y por la oportunidad de ganar más dinero, pero no sabía que iba a llegar a una empresa de una cultura muy incompatible conmigo, una cultura que no estaba basada en la gente, ni en la meritocracia si no en la habilidad para besar manos.

Un día, hastiada de la ciudad, de mi trabajo y de todo, me dije: "Estoy harta de la jungla de concreto. Voy a poner mi escuela de Yoga". Monté una escuela hermosísima en la cual invertí todos mis ahorros, incluso tuve que vender mi coche.

A los veinticuatro años regresé a casa de mi madre, después de haber vivido por mi cuenta en Ciudad de México, así que mi autoestima tocó fondo. Por azares del destino, alguien me habló de unos Buscadores de talento buenísimos en Cuernavaca y decidí probar suerte. No tenía nada que perder. No tenía un peso y necesitaba volver a ser independiente y salir de casa de mi madre.

Como había vendido mi coche, me tocó ir a las entrevistas en transporte público. Pasé de haber ganado lo que quería a gastar todo lo que tenía, prácticamente me quedé en bancarrota. Tuve aproximadamente 5 entrevistas con ellos y reconozco que han sido las más difíciles de mi vida, me cuestionaron absolutamente todo, incluso me cuestionaron cosas que yo no me había preguntado, haciéndome redescubrir mi sueño laboral empolvado. Cuando el proceso finalizó, me dijeron que me tenían dos opciones: una posición en telecomunicaciones para uno de sus clientes o quedarme a trabajar con ellos, porque mi experiencia previa en Recursos Humanos y en Ventas les parecía la combinación perfecta. Elegí la segunda opción y hoy en día puedo decir que han sido los mejores mentores que he tenido.

El entrenamiento fue increíble, porque antes de entrenarme como profesional me entrenaron como persona, enfocándome en lo que quería verdaderamente lograr profesionalmente, ayudándome a tener una idea más clara de lo que el éxito significaba para mí. Con ellos aprendí que lo más importante es saber qué quería y hacia dónde iba, tener claridad respecto a cuánto necesitaba ganar, cuáles eran mis sueños y cómo monetizarlos al mes, al año y así poder planear mis actividades diarias, semanales y mensuales para lograrlos. Me abrieron las puertas de un mundo que encontré verdaderamente apasionante y por esa misma pasión es que encontré el éxito.

Mientras trabajé con ellos, uno de mis clientes me asignó la búsqueda de un candidato y después de haber entrevistado como a treinta dimos con uno que les encantó. Fue una búsqueda muy exigente porque ninguno de los candidatos llenaba las expectativas de la empresa, finalmente logré encontrarle a la persona ideal.

Una semana después, el Director de RH de esa compañía me llamó, me citó y me hizo una oferta que no podía rechazar. Ellos querían ahorrarse los gastos de búsqueda de talento y empezar un departamento de reclutamiento y selección interno. Acepté y logramos ahorrar más de 3.5 millones de pesos anuales en búsqueda de talento y cubrir con éxito todas nuestras vacantes de manera independiente, razón por la cual, me promovieron a gerente de Talento, añadiendo responsabilidades de Desarrollo Organizacional, Administración del cambio y capacitación, ¡una gran experiencia sin duda!

Jamás olvidaré el día en que uno de mis clientes en una llamada después de años sin contacto me preguntó: "¿Qué haces trabajando para alguien más? ¡Independízate! Yo te doy todas mis búsquedas". ¡Y así fue!

Tomar ese riesgo me costó mucho trabajo y fue una decisión muy valiente, fue un proceso de aprendizaje impresionante, y sin duda, la mejor decisión que he tomado en mi vida. En julio del 2019 cumplimos 10 años como Top Hire, hemos tenido la oportunidad de ayudar a más de 500 personas a encontrar el trabajo de sus sueños y a empresas a construir los mejores equipos de trabajo persona a persona.

Tengo clientes maravillosos, pero sin duda alguna, lo más valioso en este camino es que durante estos 19 años de experiencia, he estado de todos los lados del escritorio, lo cual me ha permitido desarrollar sensibilidad y empatía en mi trabajo, tanto con las empresas como con las personas que entran en un proceso de reclutamiento, porque yo sé lo que es estar en cada lado de las trincheras.

Me atrevo a decir que sé lo que funciona y lo que no, porque lo he vivido de uno y de otro lado del escritorio por más de 19 años. Conozco la perspectiva de los clientes y también la de los candidatos. Ese arsenal de experiencia me da una idea bastante acertada y completa de cómo manejar esos hilos. Es justamente eso lo que deseo compartir contigo en este libro, que espero se convierta en la guía más completa que necesitas para encontrar tu trabajo ideal.

Aquí te diré cómo ser el mejor candidato y lo más importante: cómo manejar tus expectativas, tu autoestima y tu seguridad durante todo el proceso. Si cuando termines de leerme jamás vuelves a escuchar el tan odiado "nosotros te llamamos", todo habrá valido la pena. Estoy segura de que así será.

Pásale entonces, bienvenido.

Con cariño,
Jacqueline

Capítulo I

8 signos que te dicen: "es hora de buscar un nuevo trabajo"

Como ya te platiqué, durante 19 años he colocado a mucha gente en los puestos ideales para ellos, beneficiando no sólo a la persona, sino también a la empresa, pues mi trabajo es que ambas partes se sientan satisfechas. Desde el lado del cliente, al encontrar personas comprometidas y felices con su trabajo, que llegan a los resultados deseados comulgando con la cultura empresarial. Del lado de los candidatos, encontrando aquellos lugares donde pueden hacer lo que les apasiona dentro de una cultura que es afín a ellos.

Una de las personas más valiosas que he conocido, por su alto nivel de energía, pasión, orientación a resultados y profesionalismo; que ayudé a colocarse, es Juan Carlos, nunca olvidaré la ilusión que le hizo entrar a formar parte de una empresa startup. En ese momento, él se encontraba sin trabajo y a pesar de que siempre había llegado a las cuotas, justo unas semanas atrás había sido víctima de los recortes.

Esta empresa emergente, iniciativa de una gran emprendedora, se había convertido en un gran emporio que facturaba millones y tenía filas de clientes en espera para que los ayudaran   a colocar sus productos en los catálogos de las grandes cadenas comerciales.

Su Director General me llamó para decirme: "Jacqueline, necesito que me ayudes a conseguir el mejor Gerente Comercial de retail de todo México". Eso fue lo que hice, conseguí a Juan Carlos, quien venía de trabajar en excelentes empresas con un desempeño asombroso.

No podría describir su emoción en cuanto se le presentó esta nueva oportunidad. "Que retador trabajar en una startup, ser el dueño de mi tiempo, ser parte de una historia que vamos a co-crear con una empresa que ya tiene clientes...", en fin, estaba eufórico. ¡Y no era para menos! Esta nueva posición le ofrecía reto, crecimiento, junto a una compensación mucha más que atractiva. Todo era increíble.

Sobra decir que Juan Carlos entró a la compañía y de una vez se convirtió en el rey, y es que es un trabajador sobresaliente. Su jefe me llamó y me dijo: "Jacqueline, ¡este tipo es lo máximo! Es tan bueno que le voy a dar una promoción", esto fue a los 3 meses que recibió contrato.

Unas semanas después de esa llamada, me encuentro en el WhatsApp con un mensaje de Juan Carlos en el cual me dice que se había encontrado con que ya no tenía accesos a ninguno de los sistemas Yo le recomendé que llamara a su jefe porque podía tratarse de un problema de IT.

El detalle estuvo en que el jefe tenía una política de que no lo molestaran antes de las nueve de la mañana, porque ese era el tiempo para compartir con sus hijas, pero yo le insistí en que le llamara debido a la gravedad de la situación. ¡Grave error!

A partir de ese momento, su jefe pasó de tratarlo como a un súper héroe a ignorarlo por completo. No le contestaba las llamadas, no lo convocaba a las juntas, cambiaba los objetivos y prioridades sin notificarle, no le respondía ningún tipo de mensaje, bien fuera por correo o por WhatsApp.

La situación para Juan Carlos se hizo insostenible. Finalmente, un día le dijo que tenían que platicar, lo citó a una hora y lo atendió seis horas después, además lo hizo esperar en una locación distinta a la oficina.

Cuando por fin se reunieron, el jefe le dijo que lamentablemente no había llegado a las cuotas, cuando Juan Carlos había concretado en semanas clientes que tenían meses en espera. Al recordarle esto lo acusó de mentiroso, además le dijo que su trabajo era pésimo y le dio una tarde para que le presentara una estrategia explicando cómo iba a cambiar para ser más efectivo en el trabajo.

Él hizo una presentación súper esmerada, pero por supuesto todo se trataba de una treta para correrlo. Su jefe se mantuvo sin comunicación con él, hasta que un día me envió un correo diciéndome que el "comité" había   decidido desincorporarlo de la empresa.

¿Por qué comparto esta experiencia contigo? Porque en ella se reflejan varios de los signos que nos dicen que ya es tiempo de buscar otro trabajo. Se trata de esas señales que al percibirlas hacen que se disparen las alarmas y entremos en estado de alerta. Ignorar estas señales puede llegar a desgastarte profesionalmente, así que activa bien las antenas para que captes estos ocho signos que voy a compartirte a continuación y que al final terminan formando una palabra muy clara y directa: ¡RENUNCIA!

Recortes
Enfermedades
No te pagan lo que mereces
Universalidad de valores
No soportas a tu jefe
Crecimiento
Infelicidad
Afecta a tus seres queridos

La decisión de buscar un nuevo trabajo suele ser compleja, nos llena de dudas, e incluso puede llegar a paralizarnos, coartándonos buenas oportunidades. Otras veces la decisión es tan clara como el agua.

Quedarte en un lugar tóxico en donde no eres feliz, puede tener serias consecuencias para ti y los tuyos. Sé que no es fácil tomar la decisión, sobre todo cuando estás en tu zona de confort o tienes muy buena relación con tus compañeros de trabajo o simplemente porque muchas veces no sabemos encontrar las oportunidades que merecemos y no podemos darnos el lujo de renunciar.

Tenemos que aprender a leer bien los signos para saber si ya es momento de buscar un nuevo empleo o si lo que estamos viviendo es temporal y vale la pena quedarnos para recuperar la motivación inicial.

1. Recortes

Si por cualquier razón ya sabes que es inminente que te van a correr, salta del barco, empieza a buscar, no puedes esperar a que te liquiden.

A veces nos cuesta mucho tomar la decisión, sobre todo en México o en los países en donde hay una liquidación y un finiquito y la diferencia de dinero es considerable. Hay mucha gente que viene y me dice: "Si renuncio ahorita no me dan mi liquidación, pero la realidad es que no es lo mismo buscar trabajo teniendo trabajo a buscarlo sin tenerlo".

Hay una diferencia grande en el mercado laboral entre renunciar o ser liquidado, normalmente la segunda opción suele asociarse a tu desempeño. Uno consigue trabajo teniendo trabajo, esa es la realidad, y lo voy a explicar mejor en capítulos posteriores.

Estamos sujetos a las reglas del mercado y quien tiene trabajo tiene mucho mayor poder de negociación, la mejor manera de conseguir un aumento de sueldo interesante es teniendo trabajo. Tu poder de negociación aumenta estando empleado, y se viene abajo cuando dices: "es que me recortaron".

Entendemos que muchas compañías toman decisiones en términos de reestructuración, no siempre están basadas en el desempeño. Hay mucha gente buena que se va, pero si sales por recorte ahí ya tienes un estigma. A un entrevistador el primer pensamiento que se le viene a la cabeza es: "si hubiera sido tan bueno no lo corren".

Por lo tanto, si ya sabes que te van a correr, si tu compañía está viviendo tiempos difíciles, si llevan dos años sin llegar a cuotas, si no hay recursos, si ya sabes que va a haber una fusión y que ustedes no van a quedar, si ves que ya no tienes recursos para trabajar, toma la delantera.

No te estoy diciendo "renuncia ya", pero es momento de ser proactivo y salir a buscar. Piénsalo, es mucho más fácil explicar en tu próxima entrevista por qué estás interesado en explorar una nueva oportunidad y no explicar las razones por las cuales estás desempleado. Te sitúa en una situación más poderosa.

2. Enfermedades

Si bien es cierto que cambiar de trabajo está considerada como una de las experiencias más estresantes, junto con divorciarse y mudarse, también lo es que hay veces en las que permanecer en un determinado trabajo puede derivar en serios problemas de estrés.

El doctor David Ballard, miembro de la Asociación Americana de Piscología, afirma que el estrés laboral tiene lugar cuando no existe armonía entre las demandas del trabajo y los recursos que tenemos para lidiar con dichas demandas.

Si el estrés se vuelve crónico, puede comenzar a afectarnos física y mentalmente e incluso incidir negativamente en nuestras relaciones y desempeño laboral. Llega un momento en el cual el estrés crónico comienza a pasar factura y afecta al sistema inmune.

¿Cómo darte cuenta de que tu trabajo te está enfermando y ya es hora de parar?

- Sientes nudos en la panza y ya no tienes uñas.
- No puedes ir al baño sin checar tu correo electrónico
- Tienes el sistema inmune débil, te enfermas más seguido, te resfrías con frecuencia y tardas en reponerte.
  - Duermes demás o de plano no puedes dormir.
  - Has subido o bajado de peso drásticamente.

- Tienes disfunciones cognitivas, te distraes fácilmente, te cuesta trabajo concentrarte, cometes más errores de lo normal.

- Sufres depresión o ansiedad.

- Estás fumando o tomando en exceso.

- Ya no tienes vida social.

- Tu colesterol y tu presión están altos.

- Te sientes constantemente muy cansado o desmotivado.

- Haces menos ejercicio.

- Tienes dolores constantes de cabeza.

3. No te pagan lo que mereces

No importa si trabajas en la mejor empresa del mundo, la que ofrece mayores beneficios, mejor compensación, siempre en las encuestas de clima la mayoría de las personas están insatisfechas con sus ingresos y siempre querrán ganar más. Esa es una realidad del mundo de Recursos Humanos, pero esto es diferente, se trata de ver si realmente te están pagando menos de lo que mereces. Tu compensación debe ser un reflejo del trabajo que estás haciendo y de cuánto te valora la empresa, dentro de sus rangos salariales y promedios de mercado.

¿Cuáles son las señales de alerta?

- Si no te alcanza para invertir en ti mismo, en tu crecimiento personal, físico, espiritual o en tu necesidad de recrearte.

- Si estás en una posición en la que sabes

que la competencia paga mucho más, ya sea en dinero o con un sueldo emocional.

- Si corrieron a tus subordinados y tú lo estás haciendo todo. Corrieron a tu compañero de trabajo y te dieron una promoción lateral, estás manejando dos o tres puestos simultáneos, pero no te han pagado ese sueldo extra que compensa los sueldos que están ahorrando con tu trabajo.

- Si ya pediste un aumento de sueldo basado en tus logros y no te lo han dado. Si no preguntas, si no pides, si te limitas a quejarte diciendo "estoy mal pagado", yo te pregunto: ¿Ya pediste un aumento de sueldo? Si nunca lo has pedido la respuesta siempre va a ser no, primero pídelo, pero ten en cuenta que ese aumento tiene que estar basado en tus logros comprobables, en aquellos que puedes medir, y en cómo añades valor también a través de tu actitud, compromiso e inteligencia emocional.

- Si ya hiciste una búsqueda en la red para saber cuánto están pagando para tu posición y encontrasteunpuestocuyadescripciónencajacon loquetúhacesyeresyestánpagandotresvecesmás.

- Si ya te enteraste de que, a uno de tus compañeros, o persona que acaban de contratar, le están pagando un 20 o un 30 % más que a ti, y tienen el mismo puesto y las mismas responsabilidades y puedes comprobar que añades valor y que has tenido logros, entonces es momento de preguntar las razones, si no te satisfacen es probable que no estás en el lugar en dónde deberías ser valorado.

- Si te siguen dando mucho trabajo, tareas, responsabilidades, sin incremento.

- Si te promovieron y tienes un puesto súper elegante, pero no te subieron el sueldo.

- Si no has tenido una revisión de desempeño o un incremento salarial después de año y medio o dos años

- Si el nivel de rotación de tu empresa es muy alto, puede ser un signo de que están pagando mal, entre otras cosas.

- Si todos se llevan el bono, menos tú.

También hay que saber negociar, no todo se traduce a un incremento en el salario base, también puedes negociar otras prestaciones o prestaciones emocionales, como más tiempo de vacaciones, poder trabajar a veces desde tu casa, tener horarios flexibles, poder acceder a estudios pagados por tu empresa, etc. Arriésgate a pedir antes de tomar la decisión de irte.

4. Universalidad de valores

Esto se relaciona con una tendencia que he visto crecer durante los últimos años y es cada vez más relevante para los Millennials: se trata de que tus valores estén acordes con los de la empresa para la cual trabajas.

Hay que tener muy en cuenta que la cultura de la compañía es la que define a quién contrata, a quién promueve y a quién liquida; esa es la realidad. No es la cultura organizacional que está pegada en el vidrio, ni la que encuentras en la página web. La cultura es la que se vive todos los días en la empresa.

Un candidato al que le pregunté respecto al tema me respondió que había disonancia: "Cuando tu dignidad profesional está siendo comprometida con el instinto de conservación de tus necesidades primarias. Siempre hay una brecha entre los valores aspiracionales y los valores que realmente se practican en una compañía, eso es un gran indicador de cuánto se tiene que mejorar la cultura organizacional.

Si se toman acciones, o no, para tender un puente entre la teoría y la práctica es lo que te va a decir si las cosas van a mejorar en ese sentido. Si hay una disonancia entre los valores y cultura, la página web y tú; estás viendo otra y no se están tomando medidas para subsanar esa contradicción, la cultura jamás va a cambiar. Hacemos lo que vemos, no lo que decimos.

¿Cómo saber si es momento de irte cuando hay diferencias éticas o morales entre lo que tú crees y las políticas de la compañía?
- Si comprometen tus estándares de integridad.
- Si comprometen tu respeto propio.
- Si sientes que estás dejando tu alma a cambio de dinero.
- Si sientes que lo que haces no sólo te perjudica

a ti, sino que además va en detrimento de la comunidad e incluso del mundo.

- Si para ti es muy importante la cultura del bienestar, a nivel personal y global, y trabajas en una empresa que no comparte esa visión, es obvio que serías más feliz en otro lado.

5. No soportas a tu jefe
Yo siempre he dicho que las personas no dejan sus trabajos, dejan a sus jefes, sin embargo, hay una gran diferencia entre tener un jefe que no te cae bien y uno que realmente te hace la vida imposible al punto de querer renunciar.

Antes de tomar la decisión examínate primero para ver si te encuentras en un momento en el cual estás demasiado sensible. Observa la relación del resto de tus compañeros con tu jefe, averigua qué piensan, cómo se sienten, puede que te lo estés tomando todo demasiado personal.

Muchas veces creemos que somos superiores y que nuestro jefe simplemente no da la talla, pero en muchas ocasiones nos toca un jefe del cual podemos aprender, aunque también nos puede tocar el típico incompetente que sabe venderse bien y además es súper político, experto en quedar bien con el trabajo realizado por otros.

Está el que le dice "no" a todas tus propuestas y luego te evalúa mal por no tener iniciativa o el que te acusa de no tener visión de negocio cuando das tu opinión respecto a una   estrategia que obviamente no va a funcionar. Hay quienes logran sacarle partido a este tipo de experiencias, alguien me comentó: "Yo no les llamo 'malos jefes', les llamo 'el jefe que no debo ser', y créeme que en verdad he aprendido mucho de ellos. También he tenido muy buenos líderes y excelentes mentores, más que jefes, personas con la capacidad de tomar decisiones acertadas para dirigir a su equipo de trabajo, capaces de tomar la iniciativa, motivar, comprometer, reconocer y evaluar con justicia a su gente, de no ser por todos ellos no estaría donde estoy".

Sin embargo, hay signos inequívocos de que la relación con tu jefe no va a mejorar y es hora de buscar en otra parte:

- No te da nuevos proyectos o retos.
- No te apoya en tu crecimiento profesional.
- Te evita.
- Te hace micro gestión, controlando tu trabajo de manera obsesiva y desgastándote con detalles irrelevantes.
- No te invita a las juntas.
- Esconde o minimiza tus logros.
- Constantemente se lleva el mérito por tu trabajo.
- Te bloquea la comunicación con otras áreas.
- Te cambia el puesto, el título o la compensación.
- La compañía hace planes que no te incluyen.
- Hay faltas de respeto hacia ti o hacia tu equipo.

- Sabe menos que tú, no es bueno en lo que hace, pero perdura en la empresa.
- Es pasivo agresivo, te ignora.
- Te acosa.

6. Crecimiento

Te sientes estancado, no hay retos, no hay crecimiento, te quedó chico el puesto y tú lo has buscado constantemente involucrándote proactivamente en proyectos, demostrando tu capacidad una y otra vez.

Es completamente natural que en la medida en que ganamos experiencia se despierte en nosotros el deseo de crecer, evolucionar y cambiar, tanto en nuestra vida personal como profesional.

Si no ves la oportunidad que constantemente has buscado (porque se buscan, no van a llegar solas) de crecer en el trabajo, pronto te sentirás envuelto en un sentimiento de estancamiento. Una buena empresa debe ser capaz de mostrarte un camino claro de crecimiento o al menos apoyarte en tu desarrollo como profesional.

¿Cuáles son las señales de que la empresa está limitando tu crecimiento?

- Si llevas varios años en tu puesto y estás haciendo exactamente lo mismo que el primer día.
- Si no te has sentido retado ni motivado a romper tus propios límites, a dar esa milla extra.
- Si no te dan nuevos proyectos, asignaciones

o responsabilidades cuando has demostrado tus logros y tu compromiso, aun cuando los has pedido.

- Si no has aprendido nada nuevo ni la empresa te apoya en tu aprendizaje y experiencia.

- Si tu red de contactos es limitada.

- Si te sientes en neutral porque ya no estás motivado.

- Si no estás haciendo networking, no porque no quieras si no porque la empresa no lo permite.

- Si no tienes a quién admirar dentro de la empresa para tener sesiones de mentoring o coaching y te has dado a la tarea de conocer a las personas.

- Si la Gerencia no se da cuenta de que tienes mucho más que ofrecer a pesar de tus esfuerzos y de tu venta personal.

- Si ya han pasado varias promociones y no te han visto.

- Si no estás siendo escuchado.

- Si ya estás aburrido y ya buscaste maneras de colaborar en otros proyectos.

7. Infelicidad

Domingo, una de la tarde, ves el reloj y te entra la depre porque mañana ya tienes que ir a trabajar. Ya no puedes disfrutar lo que te queda del fin de semana, pasas el resto de la tarde amargado, hundido, desesperado. Llega la noche y tu humor empeora. "No puede ser, ¡qué   horror!

¡Qué rápido se pasó el fin de semana!". Antes de acostarte, con el ánimo por los suelos, preparas tres o cuatro alarmas para poder levantarte en la mañana.

Todo eso habla de desmotivación. No te estoy diciendo que te coloques los lentes rosas todo el tiempo, no todo el mundo se levanta haciendo vueltas de carro en las mañanas, pero si ya no recuerdas cuándo fue la última vez que te sentiste verdaderamente feliz respecto a tu trabajo, quizás sea hora de plantearte cambiar de chamba. Sobre todo, si padeces varios de estos síntomas y no estás atravesando ninguna crisis personal:

- Al empezar el día te sientes deprimido, distraído o nervioso, ya te cuestionaste específicamente qué te tiene así y esta razón no es personal.

- Pensar en tu trabajo te desconecta de tu vida personal.

- Entregas tus proyectos cada vez más tarde y sin revisar.

- Inventas excusas para no ir a las juntas.

- Tu desempeño ha bajado.

- No tienes objetivos ni te emociona planear tu futuro dentro de la empresa.

- No tienes interés en aprender nuevas cosas, tomar cursos, en una nueva promoción o un incremento de sueldo.

- No encuentras ningún vínculo que te retenga dentro de la compañía.

- Ninguna de las labores que realizas te aporta satisfacción.

- Sueñas con un nuevo trabajo, incluso ya has comenzado a "coquetear" en la red.

- Comienzas a hacer cálculos de cuántos años, meses, días y horas te faltan para jubilarte, así tengas 25 o 35 años.

- En la oficina ves el reloj cada cinco minutos y debes hacer un esfuerzo sobrehumano para terminar el día.

No puedes pasar tu vida en una cuenta regresiva, busca algo que te encienda, que te motive. Si estar en una chamba te está robando la oportunidad de ser feliz, es hora de buscar algo más.

8. Afecta a tus seres queridos

Cuando no eres feliz en tu trabajo, los primeros en verse afectados por esta situación son las personas más cercanas a ti, tus seres queridos, tu familia. No hay forma de que seas infeliz en un área tan importante de tu vida sin que ellos se vean afectados.

Si no estás bien en algo en lo que inviertes prácticamente el 70% de tu tiempo, es inevitable que tu entorno más cercano sufra las consecuencias. Te recomendaría ampliamente estudies el tema de inteligencia emocional, claro que hay días pesados y de conflicto en el trabajo. Depende muchas veces de nosotros no llevar esta carga a casa, sin embargo, si ya intentaste todo y te sigues sintiendo igual, es momento de empezar a tomar decisiones.

El primer signo ligado a esta situación es la irritabilidad. Tu pareja o tus hijos te dicen algo, cualquier cosa, por insignificante que sea y reaccionas como un energúmeno, o levantas los ojos como si te hubiesen hecho la peor de las afrentas.

Si te interesa lograr un balance entre tu trabajo y tu vida personal y te estás perdiendo los eventos importantes porque prácticamente no tienes tiempo libre y el poco que tienes lo inviertes en traslados, es una situación que los perjudica a todos.

Otro signo es que cuando estás con ellos, todas las conversaciones comienzan y terminan con un comentario negativo respecto a tu trabajo, te la pasas quejándote o malhumorado. Te mereces estar en un lugar en donde encuentres tu propia motivación, que te anime, que te permita compartir con tus seres queridos tiempo de calidad, además de nuevos retos, la emoción por proyectos excitantes y anécdotas divertidas. Mereces celebrar con ellos tus logros, en vez de agobiarlos con tu negatividad.

Cuando las personas más cercanas a ti, las que más te conocen y te quieren, comienzan a pedirte con insistencia que renuncies, es hora de escucharlos. Si tú no estás bien, ellos tampoco.

Capítulo II
Autodescubrimiento, el mejor punto de partida

"Buscar trabajo es un trabajo" es una frase que he venido repitiendo a los candidatos que he asesorado durante más de diecinueve años. Es una afirmación que de entrada no suena muy alentadora, pero es realista. Está comprobado que enfrentarte al proceso que implica buscar trabajo es una de las experiencias más difíciles de la vida.

Sin embargo, yo no me quedo con la parte difícil, ni quiero que tú tampoco lo hagas. Mi objetivo es brindarte las herramientas para cambiar las cartas a tu favor haciendo menos estresante un proceso que te puede cobrar un precio muy alto si no estás preparado.

Algo que debes tener claro es que vas a pasar por un filtro muy poderoso que lo constituye la mente de la persona que va a decidir si pasas o no a la siguiente etapa. ¿Te has detenido a pensar por qué nos llaman Head Hunters? Yo sí lo he hecho. Es porque hemos desarrollado un instinto de cazadores, de depredadores. Hemos desarrollado un olfato con el cual podemos descubrir fácilmente los puntos débiles de los candidatos y si no te conoces puedes term hecho pedazos.

Tengo que comenzar reconociendo que, lamentablemente, nosotros que estamos en Recursos Humanos nos hemos deshumanizado a tal punto que a veces nos llaman Recursos Inhumanos. Mi idea no es hablar mal de nadie, sino hacerte entender lo que sucede del otro lado del escritorio.

Piensa que esa persona, bien sea un reclutador interno del departamento de Recursos Humanos o un Head Hunter, recibe literalmente cientos de currículums al día e incluso es posible que reciba más, dependiendo del tamaño de la empresa y su posicionamiento en el mercado. Te puedo decir que en promedio esa persona entrevista por lo menos a treinta candidatos diariamente y la triste realidad es que hoy en día esos candidatos, entre los que estás tú, se han convertido en productos básicos, sin diferenciación. Ya no hay rasgos distintivos entre ellos, ya los candidatos no son vistos como personas, sino como productos que cada vez se diferencian menos entre sí y si no sabes cómo destacarte, llevas la carrera perdida de antemano.

Si te vendes de la misma manera en que lo hace el resto, si das las mismas respuestas clichés, tus posibilidades tienden a la baja y, por ende, tu inseguridad aumenta. Eso un depredador entrenado lo huele de inmediato, está atento a la primera debilidad que muestres, a tu postura, al tono de tu voz, a tu lenguaje no verbal, tus titubeos, etc. La realidad es que la mayoría de las veces no se van a tomar el tiempo para "interpretarte" o darte el beneficio de la duda, quizás ni siquiera se molesten en hacerte una entrevista estructurada, así que si deseas tomar la sartén por el mango es imprescindible, incluso urgente, que trabajes tu actitud, tu control y tu seguridad personal.

Lo primero que tienes que hacer es conocerte y elevar tu autoestima, piensa en la siguiente imagen: debes ir al proceso de reclutamiento como sable de samurái, para lo cual debes prepararte emocional y psicológicamente a través del autoconocimiento. El problema de la mayoría de las personas es que no se conocen, no saben qué les gusta, mucho menos qué les apasiona o siquiera en qué son buenos.

Ten muy presente que nadie te va a pagar lo que vales, te van a pagar lo que tú crees que vales, por eso tienes que ponerte en el rol de lo que ellos van a pensar de ti. Cuanto mejor te conozcas, mejor sabrás venderte y mayor capacidad de negociación tendrás en todo el proceso.

¿Cómo lograr influir en ellos y transmitirles el mensaje de que tú eres el indicado para esa posición? En un mundo tan competitivo tienes que jugar lo que yo llamo el Juego de la D, el cual se basa en tres premisas fundamentales:

DESTACAR
DISTINGUIRTE
DIFERENCIARTE

Esto no puedes lograrlo si no profundizas en la búsqueda de quién eres. Yo no pretendo escribir un libro de autoayuda, pero basándome en mi experiencia te puedo asegurar que el autoconocimiento es el punto de partida para lograr el éxito. En el ámbito profesional, esa búsqueda comienza por contestar tres preguntas básicas que te ayudarán a crear tu propia marca personal:

1. ¿Quién soy?
2. ¿A dónde voy?
3. ¿Qué estoy haciendo para lograrlo?

Antes de continuar, quiero compartir contigo una historia que ilustra por sí misma lo que deseo transmitirte en este capítulo.

Andrés llevaba más de veinte años trabajando para la misma compañía, era realmente uno de los profesionales más completos que jamás he conocido, se desempeñaba en el área de Recursos Humanos, había comenzado desde abajo y llevaba en la misma posición más de cinco años. Sentía que había llegado el momento de subir otro escalafón, cada año esperaba con ansias su revisión anual de talento porque no había ningún punto en sus indicadores de desempeño que no hubiera cumplido, incluso rebasado, era de esos trabajadores que siempre daban la milla extra, además era la persona con más experiencia dentro de la empresa, al que todos acudían en busca de consejo. Era un verdadero líder y un pilar dentro de la compañía, por su conocimiento y su ayuda a todos los que lo rodeaban.

Si pensabas en Recursos Humanos, su nombre era lo primero que venía a tu mente, nadie conocía a la empresa mejor que él, hacía las mejores presentaciones y manejaba la operación del negocio de primera mano. Por fin, en el año de 2010, llegó el momento de la tan anhelada revisión de desempeño, ya era hora de tener la Dirección de Recursos Humanos por la que tanto se había esforzado. Al día siguiente, sería el momento de pasar a hablar con su jefe, estaba preparado para recibir las buenas nuevas, nunca pensó en ser prudente y no soñar de más porque había dado todo de sí, toda su familia estaba esperando ansiosa la noticia de su promoción como Director. Su esposa había comprado una botella de champagne y la puso a enfriar desde temprano para celebrar por la noche. Pasó todo el día imaginando el sonido al descorchar la botella, viendo cómo las pequeñas burbujas ascendían dentro de las copas al verter el líquido, escuchando el tintinear del cristal al realizar el brindis.

Al día siguiente, recibió la gran noticia: lo iban a liquidar, porque según la empresa no tenía   las competencias necesarias para ser director en esta empresa. En un primer momento, apenas pudo mantenerse en pie, pero siempre fue muy inteligente emocionalmente y su dignidad lo levantó. Salió por la puerta grande, en medio de aplausos y mares de llanto porque todos lo querían. Mientras caminaba hacia la salida, solo podía escuchar en su mente una y otra vez las palabras del Director General, que le habían parecido tan crueles: "Te estoy haciendo un favor".

En un principio, luego de veinte años de trabajar en la misma empresa, sufrió una crisis de identidad, su trabajo lo había definido durante tanto tiempo que ya no recordaba quién era. Pero tenía una familia que alimentar, una esposa y dos hijos hermosos a punto de entrar en la preparatoria a quienes no les podía fallar.

Sin embargo, antes de comenzar a llamar a su red de contactos, que era muy amplia, decidió tomarse un tiempo para vivir el duelo, la pérdida y para redescubrirse fuera de lo que para él había sido su hogar, más que una empresa, durante tanto tiempo.

Andrés se hizo preguntas que jamás se había hecho y se dedicó a encontrar su propia identidad profesional, una que capitalizara su conocimiento, sus habilidades, sus competencias. Esa identidad que era solo suya y que su antigua empresa no podía arrebatarle.

Revisó su pasado, su presente y su futuro, escuchó al mejor coach de carrera que existe: se escuchó a sí mismo. No solo descubrió quién era, sino que se dio cuenta que detrás de cada puesto que fuese a perseguir, sin importar que todos los candidatos tuvieran el mismo título, había un set único de habilidades, personalidad y experiencia que la empresa requería, en su caso entre muchas otras cosas eran una combinación de logros impresionantes en cada una de las áreas de Recursos Humanos que lo hacían un Generalista muy sólido, una persona con una gran capacidad para liderar equipos de alto desempeño, una visión de negocios impresionante, una capacidad altísima para resolver problemas y una habilidad para manejar la presión laboral, entre otras cosas.

Las respuestas a las preguntas que se planteó le ayudaron a responder no sólo si él tenía las habilidades requeridas por cada empresa, sino si realmente quería trabajar para ellas. Al final terminó siendo contratado como Director de Recursos Humanos de una gran compañía, además le asignaron la Dirección de Operaciones y terminó ganando mucho más de lo que jamás hubiese imaginado no sólo en sueldo base y prestaciones, sino también en experiencia, exposición, aprendizaje, retos, etc.

¿Por qué me pareció importante compartirte esta historia? Porque gran parte de las entrevistas se van a enfocar en preguntas personales, de ahí la importancia de descubrirte para que el proceso no te agarre desprevenido.

Quiero que te hagas las mismas preguntas que se hizo Andrés. Las respuestas son sólo tuyas y siempre son las mejores. Aprende a escucharte, a creer en ti y a darte cuenta de que el mejor coach de carrera que tienes eres tú mismo.

Los bloques fundamentales para descubrir ¿Quién soy? ¿A dónde voy? y ¿Qué estoy haciendo para lograrlo? se resumen en una sola palabra:

AUTOESTIMA
Alegrías
Utopías
Trascender
Objetivos
Esparcimiento
Strenghts / Fortalezas
Temperamento
Intereses
Miedos
Áreas de oportunidad

ALEGRÍAS

1. ¿Qué te hace feliz en tu vida personal?

2. Piensa en la última vez que estuviste realmente feliz en tu trabajo. ¿Qué estabas haciendo, a quién reportabas, en qué empresa?

3. ¿Qué es lo que más disfrutas hacer hoy entre

todas tus responsabilidades de trabajo?

4. ¿Qué te hace levantarte con una sonrisa en la mañana?

5. ¿Qué actividades laborales y personales te cargan de energía?

UTOPÍAS

1. ¿Quiénes son las tres personas que admiras profesionalmente? ¿Por qué?

2. Piensa en la persona más importante de tu vida. ¿Qué hubiera querido esta persona que lograras personal y profesionalmente en este punto de tu vida?

3. ¿Qué te hubiera gustado lograr personal y profesionalmente?

4. ¿Sientes que has fallado en esas expectativas o que lo has logrado?

5. Piensa en tu carta a Santa Claus. ¿Cuál sería tu trabajo ideal?

TRANSCENDER

1. ¿Cómo te gustaría que te recordaran?

2. ¿Qué logros has tenido hasta hoy profesionalmente?

3. Piensa en 3 ocasiones en las que hayas superado tus propios límites profesionales.

4. Piensa en 2 barreras personales que hayas trascendido.

5. ¿Qué haces hoy que pueda mejorar el entorno que te rodea?

OBJETIVOS

1. ¿Cuáles son tus objetivos personales en el corto, mediano y largo plazo?

2. ¿Qué posición te gustaría tener dentro de 6 meses?

3. ¿Cuál es tu plan de carrera personal? ¿Qué puestos te gustaría tener en 1, 3 y 5 años?

4. ¿Cuáles son tus compañías soñadas para trabajar? Haz una lista de diez de ellas.

5. ¿Con qué tipo de jefe y cultura organizacional te gustaría trabajar? Trata de ser específico.

ESPARCIMIENTO

1. ¿Cuánto tiempo libre te gustaría tener para disfrutar de ti y de los tuyos?

2. ¿Cuál sería tu definición de balance entre tu trabajo y tu vida personal?

3. ¿Qué actividades fuera del trabajo disfrutas?

4. ¿Qué actividades de esparcimiento disfrutas hacer con la gente de tu trabajo?

5. ¿Cómo puedes lograr esparcirte aun en tu espacio laboral?

STRENGHTS/ FORTALEZAS

1. ¿Cuáles son tus 3 fortalezas más grandes a nivel personal?

2. ¿Cuáles son tus 3 fortalezas más grandes a nivel profesional?

3.   Piensa en dos ocasiones en las que te hayan

reconocido en tu trabajo. ¿Por qué fue?

4. ¿Hay algún tema en el que siempre te pidan ayuda? ¿Cuál es?

5. Pide a dos amigos, a dos familiares y a dos contactos de trabajo, que te digan cuáles son tus fortalezas como profesionista.

TEMPERAMENTO

1. ¿Qué tipo de gente o situación suele sacarte de tus casillas?

2. ¿Cómo manejas el estrés?

3. ¿Te llenas de energía cuando estás solo o cuando estás rodeado de gente?

4. ¿Cómo dirías que tomas decisiones, basándote en tus emociones o en tu razón?

5. ¿Prefieres los detalles o las grandes ideas?

INTERESES

1. ¿Cuál es el tema que más te apasiona? Revisa en tus libros qué tema se repite. ¿De qué podrías pasar horas hablando?

2. ¿A qué sueles poner más atención?

3. ¿Qué temas te preocupan a nivel general?

4. ¿Qué te gustaría aprender que hoy no sepas?

5. ¿Qué despierta tu curiosidad?

MIEDOS

1. ¿Cuáles son tus 3 miedos más grandes a nivel personal?

2. Recuerda una ocasión en la cual fallaste en

cumplir tus objetivos. ¿Qué harías diferente?

3. ¿En qué situación laboral te has sentido avergonzado?

4. Menciona una situación en donde te sentiste rechazado laboralmente

5. ¿Cuál ha sido la confrontación laboral más fuerte que has tenido?

ÁREAS DE OPORTUNIDAD

1. ¿Cuáles son tus 3 debilidades más fuertes profesionalmente?

2. ¿Qué puedes hacer para mejorar esas 3 debilidades?

3. Piensa en la última vez que te dieron retroalimentación negativa. ¿Qué te dijeron?

4. Revisa tu plan de carrera personal. ¿Qué te hace falta en términos de habilidades, conocimientos y experiencias para lograrlo?

5. Ponte metas en el tiempo. ¿Cuáles son los pasos a cumplir y en cuánto tiempo para avanzar en tu plan de carrera?

Utiliza todas estas respuestas para hacerte una mejor imagen de lo que estás buscando, de lo que te hace feliz, que todo esto sea tu brújula para poder darte cuenta si las oportunidades que vienen son realmente para ti.

Utiliza esta información para poder saber quién eres y cuán valioso eres y sobre todo para darte cuenta de que puedes ser mejor.

Capítulo III
Cómo hacer tu CV y tu carta de presentación

Si alguna vez terminaste tu currículum, lo leíste y creíste que era el peor del universo, te tengo buenas noticias: no lo es. ¡Créeme, he visto de TODO!

Sé que hemos dicho una y otra vez que tienes que destacar sobre los demás, pero por favor ten cuidado de no destacar en forma negativa cuando estás compitiendo con cientos de candidatos para la misma posición.

Jamás olvidaré al candidato que pasó su CV por el traductor de Google y en lugar de Colonia Roma, su currículum decía "Roman Cabagge".

Cuando empecé mi carrera estábamos ubicados en la calle de Domingo Diez, en esa época contamos más de quince CV's dirigidos al "Estimado Sr. Domingo".

He visto todos los tipos de fuente de Word, fotos que parecen sacadas de la revista ¡Alarma!, groserías, errores de ortografía por millones, formatos de Mi pequeño Pony, Harry Potter, etc. Nunca falta el gracioso que en sus logros pone que fue el primero en tocar la luna. Si hubieran invertido esa energía en hacer las cosas bien, seguramente su CV no hubiera terminado en la papelera o en la carpeta de risas.

Volvamos al tema respecto a qué sucede del otro lado. Tu currículum lo va a recibir alguien de Recursos Humanos o un Head Hunter, si hay algo que debes tener muy claro es que se trata de personas que en un día reciben fácilmente entre cien y doscientos CV's. ¿Cuánto tiempo crees que invierten en revisar cada uno? Prepárate para la respuesta: ¡¡6 segundos!! Sí, leíste bien, apenas 6 segundos, de modo que si quieres pasar a la siguiente etapa te sugiero tener presentes los tips que voy a darte a continuación para evitar que te pase como a uno de los mejores candidatos que he tenido en cuanto a nivel de preparación, personalidad y experiencia ¡y uno de los peores en cuanto a la presentación de su CV! Jamás lo llamaban. En cuanto organizó el diseño y la estructura de su currículum todo cambió y finalmente pudo completar con éxito todas las etapas del proceso de reclutamiento. Puedes ser el mejor, pero si no comienzas por preparar un buen CV nadie lo va a notar.

Y es que tienes que comprender que tu currículum es lo que te va a abrir o cerrar las puertas del paraíso laboral, por eso debes invertir en él tu mejor esfuerzo. No hay una magia, no hay un milagro, ni siquiera creo en esas personas que cobran por hacer tu currículum, en realidad es algo que tienes que hacer por ti mismo, pues nadie conoce tu pasado   laboral como tú. Es cuestión de saber cómo lograr la mejor presentación y evitar errores que pueden dejarte automáticamente fuera del proceso, pero no te preocupes, para eso estoy yo aquí, mi meta es orientarte en cuanto a los aciertos y desaciertos, los que debes y no debes hacer, a fin de aumentar tus posibilidades de recibir esa llamada que puede cambiar tu vida.

En promedio se reciben 150 CV's para una vacante, pero solo el 10% pasa a la entrevista, es así de grave. ¿Qué debes tomar en cuenta para formar parte de ese 10%?

Un buen currículum debe contestar dos preguntas básicas:

1. ¿Por qué deberíamos contratarte?
2. ¿Qué te diferencia de los demás?

Como Head Hunter te digo: algo que puede inclinar la balanza a tu favor en el proceso de selección es si tu CV refleja con claridad estos cuatro puntos:

- Problema que resuelves.
- El tiempo en que lo resuelves.
- El beneficio de resolverlo.
- El dolor que me evitas al resolverlo.

Si tu currículum está bien estructurado y nos da la información indicada de forma acertada lo notaremos enseguida. Un buen CV se caracteriza por la sobriedad en su presentación, pero también por la precisión y claridad en la información que ofrece. Hay quienes centran la mayor parte de su esfuerzo en el diseño, pero en cambio descuidan el contenido. Tanto en el diseño como en muchos otros detalles, que en principio parecen obvios, pueden cometerse errores que terminan siendo cruciales. ¿Quién no sabe colocar un número de contacto? ¿Quién no desea que su fotografía cause la mejor impresión? ¿Qué error podrías cometer al colocar tus datos personales? Pues sí, son muy comunes los errores en cosas que a primera vista parecen tan simples, por eso le dedico todo un capítulo a las distintas secciones del currículum.

📞 000000000

📍 Dirección LinkedIn

✉ loremipsum@gmail.com

🌐 www.loremipsum.com

Resumen Ejecutivo

Incluye aquí una breve descripción sobre tu formación y/o experiencia, empresas relevantes, básicamente qué valor puedes agregar a un nuevo empleador.

UNIVERSIDAD / MAESTRÍA

Describe aquí la formación que has obtenido y la titulación que has recibido al finalizar tus estudios en el centro.

EXPERIENCIA

	Nombre Empresa 1
ENERO 2017-ACTUAL	
	Describe BREVEMENTE tus funciones y enfócate más en los LOGROS.
MARZO 2002-DIC 2017	**Nombre Empresa 1**
	Describe BREVEMENTE tus funciones y enfócate más en los LOGROS.
JUNIO 2000-FEB 2002	**Nombre Empresa 1**
	Describe BREVEMENTE tus funciones y enfócate más en los LOGROS.

INFORMÁTICA

Java Script   Photoshop   Adobe Illustrator

IDIOMAS

Inglés   Francés   Español

CERTIFICACIONES O CURSOS RELEVANTES

- Certificación – quién la otorga y fecha.

¿QUÉ SECCIONES DEBE LLEVAR UN CV?

1. Datos personales
2. Resumen ejecutivo
3. Educación
4. Experiencia laboral
5. Idiomas
6. Informática
7. Cursos o certificaciones relevantes
8. Software

Tips Generales

• **Extensión**. Hay una leyenda urbana de que los CV's deben caber en una sola página. Es un tema muy debatido. Si tienes cinco años de experiencia, o menos, puedes presentarlo en una sola página, pero si tu información básica no cabe en una hoja no trates de forzarla corres el peligro de dejar por fuera información relevante. Recuerda que tampoco se trata de extenderte, yo recomiendo como máximo 3 páginas.

• **Tipos de fuente**. No uses más de dos tipos de fuente, procura decantarte por las más sobrias y elegantes, esas que suenan como si fueran los nombres de los hijos de un Hipster: Arial, Verdana, Helvética y, por supuesto, Times New Roman. Olvídate de una vez por todas de Comic Sans, Papyrus, Curlz y compañía.

• **Tamaño de fuente**. Es fundamental usar un tamaño de letra que pueda leerse, de 10 máximo

12 puntos.

- **Encabezado**. Evitar escribir y colocar como título currículum vitae.
- **Referencias**. Olvídate de cerrar con la frase "Referencias disponibles a su petición", o colocar tus referencias, eso solo te quita espacio. Si avanzas en el proceso te las van a pedir y tendrás que enviarlas por correo.
- **Escribe en primera persona**. No escribas el currículum como una narración de tu vida en tercera persona.
- **Keywords**. De preferencia tienes que agregar palabras claves para que tu currículum tenga más probabilidades de ser leído. Estas palabras puedes identificarlas en la descripción del puesto para el que estás aplicando, si no tienes la descripción piensa en qué detalles podrían llamar la atención del jefe de esa posición, cuáles son los indicadores de desempeño más comunes en tu área de especialidad, si manejas algún sistema que podría ser relevante para el puesto, certificaciones, etc.
- **Ortografía**. Es fundamental que tu informa-ción no tenga errores, no te olvides de pasar el corrector en tu editor de textos y de hacerle lle-gar el currículum a otras personas para su revi-sión, así podrás asegurarte de no pasar nada por alto. Es muy común ver "Manger" en lugar de Manager, por ejemplo, son cosas que se le pasan a Word.

• **Diseño**. Vale la pena invertir en un buen diseño de CV, hay muchas páginas que ofrecen este servicio.

• **Habilidades**. Muchas personas hablan de habilidades, puedes colocarlas,   sin embargo a mi parecer es mejor que el   entrevistador las descubra, no resulta objetivo hablar respecto a tus propias habilidades a menos que tengas cómo comprobarlas. Para mí quita espacio, al final lo más relevante es que

1. Datos personales

Qué hacer	Qué no hacer
• Nombre completo. • Celular actualizado con lada incluida. • Correo electrónico: nombre. apellido@---.com • Hipervínculo a tu perfil de LinkedIn. • Si es relevante para tu trabajo puedes colocar el link de tus redes sociales de lo contrario no las pongas y por favor revisa muy bien el contenido de tus redes antes de publicarlas. • Verifica que los links sean los correctos. • Resalta en negritas tus datos de contacto.	• Colocar tu edad, estado civil, peso, número del IFE, religión o cuántas nacionalidades tienes. • Un correo poco profesional puede hacer que te rechacen hasta en un 76% de las veces. Evita homero.simpson@---. com o chiquitabonita@---. com Puede ser divertido para tus amigos, pero no para encontrar trabajo. • Fotos poco profesionales • Dirección. Puedes llegar a perder una oportunidad cuando el reclutador intuye que será muy lejos para ti, o si la empresa queda en otra ciudad y estás dispuesto a reubicarte.

Mucha de la información de la segunda columna se presta para discriminación, por eso en varios países es ilegal colocarla, algo que debes tener muy en cuenta si te postulas para una multinacional.

2. Resumen ejecutivo

Es importante porque de entrada nos puede decir quién eres, cuáles son tus experiencias claves, en cuáles puestos y tipos de empresa, tus años de experiencia y tus logros.

Qué hacer	Qué no hacer
• Cíñete un discurso de presentación de forma exprés. Imagina que debes hacerle la presentación a alguien mientras va en un elevador y solo dispones de esos pocos segundos para causar una excelente impresión y lograr que compre tu producto, en este caso tú. • Piensa como si fueras el jefe, procura que la información que coloques responda esta simple pregunta: ¿Por qué deberían contratarte a ti?	• Colocar súper poderes suele causar desconfianza, como por ejemplo "Ninja de las ventas", "Estrella de Rock del reclutamiento". • Tus objetivos personales. No añaden valor y quitan espacio, Sólo se justifica si deseas incursionar en un área distinta y el objetivo debe explicar por qué cuentas con los elementos necesarios para ocupar un cargo en el cual no tienes experiencia. • Usar palabras cliché como multitasker, jugador en equipo, Marketing Ninja, etc., para cualquier duda busca en Google "Ejemplos de Resumen Ejecutivo" y encontrarás muchos relacionados con tu área laboral.

3. Educación

Qué hacer	Qué no hacer
• Si tienes Maestría colócala primero. • Indica la universidad en la que cursaste la carrera, el título y el año de graduación. • Luego señala los cursos y certificaciones relevantes respecto a la posición para la que estás aplicando. • Resalta en negritas tu carrera profesional.	• Colocar kínder, primaria, secundaria o preparatoria. • Colocar "Carrera trunca" o "No terminada". Esto podría descalificarte automáticamente. Es preferible colocar de qué año a qué año cursaste la carrera y que éste sea un tema que puedas tratar en una entrevista, donde podrás venderte bien aunque no hayas terminado la carrera o tu título esté en trámite.

4. Experiencia profesional

Qué hacer	Qué no hacer
• Coloca la información en un adecuado **orden cronológico**, comenzando siempre por la más reciente. • Menciona las empresas y los años en los que trabajaste en cada una, incluyendo los meses (junio 2016 – mayo 2018). • Menciona el puesto de trabajo que haz realizado. • Haz una **breve descripción** de lo que hacías (máximo dos líneas).	• **Colocar el logo de cada empresa**. Terminan haciendo los archivos muy pesados. • **Palabras como "bastante" o "mucho" en tus logros**. Debes ser muy específico, expresarlos bien en unidades medibles. • Omitir posiciones dentro de la compañía. Si tuviste varios puestos mi recomendación es que los debes mencionar, especificando fecha, lugar y descripción. Esto Nos ayuda a

• **Logros**. Esta parte es lo más importante del currículum, por eso le dedicaremos una sección aparte.

saber que fuiste promovido y creciste dentro de la empresa.

•**No olvides mencionar todas tus experiencias o trabajos como freelance, consultor o trabajo por proyectos si tuviste espacios inactivos en tu CV.**

• **Descripciones vagas:**
• Responsable de algunas presentaciones.
• Responsable y encargado de la administración.

• **Omitir tus experiencias laborales**. Siempre es mejor
que estés activo en vez de hacernos pensar que estuviste meses sin trabajar. Ser emprendedor tiene mucho mérito, no omitas nada.

• **Mentir o cambiar fechas y datos**. Esto te descalifica automáticamente.

LOGROS

- Como ya señalé, esto **es lo más importante de un currículum**, no lo que hacías, eso no te hace destacar, sino lo que lograste.

- Me gusta cuando vienen expresados en **Bullet Points** (descripción detallada en cifras, indicadores, tiempo). Realmente es aquí donde debes venderte, piensa en cuáles son o eran tus indicadores de desempeño y dame una foto clarísima de **qué lograste en métricas y tiempo**.

También me interesa saber si te promovieron, si ahorraste dinero, si incrementaste las ventas de X a Z.

- Tu objetivo es demostrar **cómo impactaste** dentro del negocio y **en cuánto tiempo** lo hiciste.

- Utiliza **palabras poderosas** que destaquen de forma positiva ante los empleadores, recuerda usar **keywords**, así como verbos de acción: implementé, inicié, emprendí, etc.

- Evita repetir los logros de una experiencia

a otra.

- Para expresarlos de manera certera utiliza la fórmula SMART: **E**specíficos, **M**edibles, **A**lcanzables, **R**elevantes, **T**iempo determinado.

- Es importante que sepas **qué está buscando la compañía** y destaques tus logros basándote en lo que están pidiendo o en su cultura empresarial. Si ésta tiene como valor el desarrollo de personas resalta tus logros en esa área.

- **Haz hincapié en los logros de los tres trabajos más recientes**, a partir de ahí te recomiendo extenderte menos para no hacer eterno tu currículum.

¿QUÉ COLOCAR EN LOS LOGROS?
- Incremento en las ventas o ingresos netos de la compañía.
- Incremento en la cartera de clientes.
- Dinero que le ahorraste a la empresa.
- Tiempo que le ahorraste a la compañía en algún proceso.
- Problemas que identificaste y solucionaste.
- Ideas o innovaciones que propusiste e implementaste y cuál fue su resultado.
- Procesos o sistemas que desarrollaste, cuáles fueron, en cuánto tiempo los llevaste a cabo y qué impacto tuvieron en el negocio.
- Proyectos especiales en los que trabajaste.
- Premios o reconocimientos que obtuviste.
- Promociones que conseguiste.
- Becas que ganaste.
- Presencia en medios que lograste para la empresa.

Ejemplos de LOGROS por áreas de Especialidad

ADMINISTRACIÓN
- Creamos una base innovadora de datos

utilizando Salesforce, resultando en una reducción del 50% en el tiempo de respuesta a preguntas de nuestros clientes.

• Negocié un plan de ahorros con proveedores que resultó en un ahorro anual de $5.000.000 MXN.

CONTABILIDAD
• Encargado de un presupuesto de $xxxx MXN logrando ahorros del 10% cada año.
• Gerencié un equipo de financieros de más de cinco personas responsables de la nómina, incrementando la eficiencia del departamento en un 12% anual.

SERVICIO A CLIENTES
• Implementé una iniciativa de atención a clientes para mejorar la lealtad de la empresa, resultado en un incremento del 20% en las ventas de la compañía.
• Establecí un sistema de contacto personal para mejorar la experiencia de compra de la compañía, con resultados de incremento de ventas en un 20% en el año XXXX.

TECNOLOGÍA DE LA INFORMACIÓN
• Desarrollo de una plataforma en línea de entrenamiento que consiguió un incremento de más de 50 empleados inscritos al año.
• Lanzamiento de un sistema de digitalización.

que resultó en un incremento en la eficiencia de la compañía en un promedio del 20%.

MARKETING
- Incrementamos la participación de mercado en más de 3 puntos porcentuales en el año XXXX. (ROI o retorno de inversión, CONSUMIDORES, TRAFICO)
- Creamos una estrategia de mercadotecnia para el lanzamiento de X producto que resultó en un incremento del X% sobre el objetivo inicial de ventas.
- Ejecuté un programa de mercadotecnia basado en Facebook que tuvo un resultado del 22% de incremento en ventas, más de XXX fans en la página y una cartera de más de XXX correos.

VENTAS
- Administración de más de 12 cuentas claves simultáneas con un incremento de ventas del 10% anual.
- Lideré el proyecto de ventas XXX por x meses logrando el cumplimiento de objetivos en un 100%.
- Apertura de más de 13 cuentas corporativas resultando en un incremento de ventas de más de $xxx MXN en un año.
- Ganador del vendedor del año en XXXX.
- Estandarización del sistema de reporte de

ventas resultando en un incremento de eficiencia en el departamento del X%.

• Entrenamiento y desarrollo de un equipo de más de X personas en el año XXXX.

SI ERES RECIÉN GRADUADO O ESTUDIANTE

• Organicé un evento para recaudar fondos que tuvo como resultado un ingreso de más de $xxxx para X causa.

• Tutor de más de X estudiantes en las materias de XXX.

• En el año XXXX participé en la feria de emprendedores ganando el primer lugar con el proyecto XXX.

5. Idiomas

Qué hacer	Qué no hacer
• Menciona los idiomas señalando si el nivel de manejo y comprensión es Esto	• Mencionar los porcentajes, como "Francés en un 20%". resulta muy vago y no

básico, intermedio, avanzado, nativo o business.

• Coloca las certificaciones y la puntuación que obtuviste.

ofrece claridad en cuanto al dominio del idioma.

6. Informática

Qué hacer	Qué no hacer
• Señala cuales son los sistemas que manejas y a qué nivel. • Cursos. Menciona señalando institución, meses y años. • Certificaciones relevantes.	• Evita generalidades como porcentajes, "bastante bien" o "regular". Debemos tener una idea clara de tu preparación en cada una de las secciones de tu CV.

Casos especiales

Durante estos 19 años de carrera me han tocado algunos casos especiales que quisiera compartir contigo, sobre todo tienen que ver con casos en los que dejaste de trabajar por un período de tiempo, tal vez eres una madre o padre que tomó la decisión de atender a sus hijos y dejar la vida profesional, o te fuiste de viaje, o estuviste un período de tiempo largo buscando trabajo, o también si quieres hacer un cambio radical en tus actividades y buscar desarrollarte en otras áreas de especialidad y también funciona si eres un recién graduado sin mucha experiencia.

En este caso, en lugar de un CV cronológico, que solamente resaltará los lapsos de tiempo que estuvisteinactivo,terecomiendounCVFuncional.

¿Qué es un CV Funcional?

Un CV funcional es aquel que se enfoca en tus habilidades y experiencia, logros y aptitudes   y no tanto en el orden cronológico de las mismas.

Tips para hacer un CV funcional

1. Sigue todas las reglas del principio del capítulo

2. Organiza tu CV en base a temas
La gran diferencia con este CV es que no vas a enfocarte primero en organizar tus experiencias laborales en base a un orden cronológico de tu experiencia laboral, sino en base a temas, así que después de tu educación abrirás "bullets" de temas en dónde eres experto, por ejemplo:
- Experiencia en Servicio a Clientes
- Experiencia en Reclutamiento y Selección •Experiencia en ventas

Ya después podrás poner tu experiencia profesional

3. Siempre recuerda usar las frases clave que podrían ser interesantes para la posición que quieres tener dentro de una compañía

4. Menciona tus proyectos relevantes, tanto personales como profesionales
Estos proyectos le ayudarán también a un reclutador o a quién revise tu CV a ver que puedes completar tareas con éxito.

5. No te puedes salvar de poner tu historia laboral

No importa los espacios de tiempo, tendrás que poner tu historia laboral, la puedes poner hasta abajo del CV, lo que estamos haciendo es llamar la atención primero por tus habilidades y competencias.

En el próximo capítulo revisaremos bien cómo debes hacer tu Carta de presentación y así resolver las dudas de los reclutadores de antemano.

6. Es importante que sepan los reclutadores que te has estado actualizando

Tal vez no has trabajado en los últimos 5 años en tu área de experiencia, pero ayuda muchísimo saber que estás actualizándote, así que si has estado sin actividad laboral te recomiendo ampliamente que te metas a cualquier curso, UDEMY y Coursera son de mis páginas favoritas, tienes una gama muy amplia de cursos a precios muy accesibles para demostrar a los empleadores que si has estado haciendo algo por actualizarte, que es la preocupación principal que va a tener un empleador.

7. No digas mentiras y no trates de estirar tu experiencia profesional

Un buen Head Hunter o reclutador hará una investigación de tu experiencia laboral y omitir, o decir mentiras te puede dejar automáticamente sin el puesto.

8. Incorpórate a la vida laboral poco a poco

Sin duda el hecho de no haber trabajado durante un período de tiempo te podrá hacer quedar en desventaja frente a la competencia, así que te sugiero que vayas poco a poco incorporándote a tu vida laboral, a través de consultorías, trabajos de tiempo parcial, etc. Una buena idea es contactar a tu Universidad y ofrecer apoyar los programas de incubación de empresas, de esta manera te estás actualizando, tienes experiencia actual con diversos tipos de empresas y retos diferentes que te ayudarán a demostrar que puedes incorporarte a un empleo de tiempo completo sin problema.

COVER LETTER O CARTA DE PRESENTACIÓN

Tu carta de presentación es lo primero que verá un reclutador, Head Hunter, personal de Recursos Humanos, Gerente o director, en el cuerpo del correo en el que adjuntarás tu currículum, por lo tanto, debe tener un gran impacto y dejarnos con ganas de saber más de ti.

Cada carta de presentación debe estar personalizada para cada trabajo al que apliques, a fin de demostrar que tú eres la persona a la que deben contratar, esa que hace un "fit" con el puesto que están buscando.

Puedes colocar tu carta en el cuerpo del correo o, mejor aún, hacer un video, es la mejor manera de destacarte y lograr que te conozcan.

Asegúrate de haber investigado muy bien a la compañía desde diversas fuentes, no te limites solo a su página web, lee algunas noticias, analiza la acción de la compañía, si es pública, etc.

Analiza bien lo que están buscando y cuídate muchísimo de no fusilar una carta con fragmentos de alguna que hayas visto en línea, créeme, cuando lo haces nos damos cuenta. Recuerda lo que ya te he dicho: en este negocio hemos visto de todo y lo que quieres es destacarte para bien. Mientras más tiempo inviertas en este paso mayor probabilidad tendrás de conseguir una entrevista. Desgraciadamente, no hay una carta genérica que aplique para todas las posiciones.

Esta carta también es una gran oportunidad de demostrar tus habilidades para hacer networking, para vender, además de poner de manifiesto tus habilidades de comunicación, las cuales son fundamentales para muchos puestos. ¡Ponte a trabajar en ella!

No hay cartas de presentación perfectas, pero te puedo dar una fórmula de 3 pasos para que hagas la tuya de manera fácil.

1.- El comienzo
¿Por qué les escribes?
Explica en el primer párrafo por qué les estás

escribiendo, asegúrate de que quieran seguir leyendo. Acá puedes señalar si estás respondiendo a un anuncio de alguna página, una mención en LinkedIn, etc. Si alguien te recomendó para esta posición este es el lugar para decirlo.

Estimado nombre y apellido
Si no lo conoces:
A quien corresponda:

   - Te contacto en relación con...
   - Me entusiasma mucho anexar mi CV para la posición de _____ que vi publicada en

_____

   - Nombre de referencia y puesto:
El señor Pablo Pérez, Gerente nacional de ventas de Nestlé, me sugirió contactarte. Recientemente platiqué con él sobre algunas opciones de carrera y me ayudó muchísimo refiriéndome a esta posición que tienen como Gerente de ventas...

2. Presentación
¿Quién eres y por qué resultas el más indicado para la posición?
Explica **brevemente** tu profesión, tu experiencia y las áreas en las que te has desempeñado. Agrega un toque personal que aclare por qué tú eres la persona ideal para el puesto basándote en los requerimientos y competencias de la compañía.

Mi nombre es Gabriela López, soy egresada

del IPN como Ingeniero Industrial. Tengo más de cuatro años de experiencia en procesos productivos en empresas del ramo automotriz, como Ford, Nissan y Kia, en las cuales he logrado reducir con éxito los tiempos de producción en un x%.

Tengo una mente analítica, un estilo de liderazgo basado en el ejemplo y al igual que a tu empresa, me importa mucho el desarrollo de la gente que está a mi cargo. Me encantan los retos y pongo gran atención a los detalles, por lo cual estoy segura de hacer un buen fit con la posición que están buscando.

3. Llamado a la acción

No hay nada más convincente que una persona convencida. Esta es tu oportunidad para dejarlo claro y hacer un llamado a la acción.

Me encantaría tener una cita contigo para platicar de manera más detallada sobre cómo puedo agregar valor o contribuir a tu compañía. Te dejo mis datos para que puedas ponerte en contacto conmigo. O

Te marco el jueves de la próxima semana para concertar una cita, ¿es mejor por la mañana o por la tarde?

Tips

• Asegúrate de cerrar con tus datos de contacto y mencionar que estás incluyendo tu CV. No tienes idea de cuántas veces he recibido cartas sin currículum, quedas como una persona que no presta atención al detalle y hace las cosas al aventón.

• Cuida la ortografía y el tamaño de letra. En cuanto a este punto sigue las mismas indicaciones que te sugerí para hacer el currículum.

• Procura que la carta no sea demasiado extensa. Media página es la extensión ideal.

Capítulo IV

Cómo definir tu estrategia de búsqueda de empleo

Para mí este es un capítulo fundamental, ya hemos hecho hincapié en la importancia que tiene realizar un ejercicio de introspección, lo cual te permitirá darte cuenta de si ya es momento de explorar nuevas opciones y, sobre todo, estar consciente de quién eres como persona, lo que te motiva, lo que te enoja, lo que te hace vibrar. Es momento de aplicar todo lo que has venido descubriendo y enfocarlo en la búsqueda del trabajo ideal para ti.

Antes de continuar permíteme compartirte el caso de un vendedor que ha sido uno de mis candidatos favoritos.

Jesús estaba a punto de casarse, él y su prometida llevaban meses planeando la boda y por fin el momento estaba cerca. A Jesús no le podía ir mejor, yo llevaba más de diez años siendo testigo de su crecimiento, me encantaba ver cómo agregaba valor una y otra vez a sus empleadores. Era un ganador.

Para el momento de planear su boda, se desempeñaba como Gerente Nacional de Ventas en una gran transnacional líder en su ramo. ¡Jesús había hecho un trabajo increíble!   Había cerrado el año con un 33% de incremento en ventas, muy por encima de la cuota establecida.

Durante los últimos cuatro años de su carrera, incursionó con éxito en la parte estratégica de ventas obteniendo grandes resultados. Siempre se superaba a sí mismo. Por eso me sorprendí mucho cuando a principios de aquel año me llamó para decirme que lo habían despedido. No me lo podía creer. Obviamente su despido no había tenido que ver con su rendimiento. Su empresa había sido adquirida por otra más grande y había duplicidad de puestos.

Además de triste, Jesús estaba desesperado, en unos meses se casaba, era el peor momento para quedarse sin trabajo. El pobre estaba en blanco, no sabía qué hacer, la desesperación le había nublado la mente.

Comenzamos a platicar y le hice una pregunta clave: ¿En qué te has enfocado durante los últimos tres años? Y comenzó a hablar sin pausa acerca de las estrategias tan exitosas que había ayudado a implementar, cómo había logrado abrir nuevas cuentas, incrementar cuotas, etc.

Lo dejé hablar durante un rato, a medida que lo hacía su tono de voz fue recuperando el entusiasmo que siempre lo había caracterizado, hasta que por fin le dije: "Durante toda tu carrera has vendido con éxito productos y servicios que no eran tuyos. ¿Qué tal si aplicas la misma energía y el mismo conocimiento en venderte a ti mismo?".

Eso es lo que quiero enseñarte en este capítulo: Cómo venderte para encontrar el trabajo de tus sueños.

Antes que nada, quiero hacerte una advertencia:

CUIDADO CON LOS FRAUDES.

Está bien mandar tu currículum a los Head Hunters que conozcas, pero debes tomar en cuenta una realidad: la mayoría de los Head Hunters en México y Latinoamérica trabajan a partir de los requerimientos de sus clientes, no a partir de las necesidades del candidato, esto sólo lo hacen unas cuantas firmas transnacionales que tienen especialidad de escritorio, es decir, cuentan con reclutadores expertos en marketing de empresas de consumo, o en financieros, tales como Korn Ferry, Spencer Stuart, Egon Zehnder, entre otras , muchas otras empresas asocian recibir información de un candidato con una factura, por lo que muchas veces nos bloquean y no podemos enviarles la información, a menos que ellos lo soliciten.

Cuando un Head Hunter manda una información lo primero que va a ver el cliente es una tarifa mes por mes, si la empresa no tiene presupuesto no van a abrir el mail, no van a contestar porque no quieren pagar. Así funciona.

Es algo en lo que llevo trabajando muchos años, por eso aprovecho para decirte que tengas muchísimo cuidado con esas firmas que   prometen colocarte a cambio de una tarifa, la mayoría de ellas son fraudulentas, lo sé por experiencia. Por ejemplo, a un candidato le vendieron una vacante en una empresa y yo le dije: "Eso es imposible, ellos sólo manejan el reclutamiento a través de mí".

A menos de que se trate de una firma reconocida de "outplacement" o servicios de recolocación no regales tu dinero. Si lees bien el contrato que ofrecen —yo los he leído— en ninguna parte se comprometen a colocarte, lo que hacen es darte un curso muy básico y una asesoría en cuanto a tu CV que la mayoría de las veces no es de la calidad que mereces. Ofrecen un servicio de coaching con entrevistas para que tengas más posibilidades, pero la verdad es que sus cursos dejan mucho que desear. En este libro tendrás toda la información que necesitas.

¿POR DÓNDE EMPEZAR?

- En primer lugar, toma las riendas de tu búsqueda de empleo.
- Diseña una estrategia con base en lo que estás buscando. Recuerda las preguntas que respondiste en el Capítulo 2.
- Haz un análisis/FODA (**F**ortalezas, **O**portunidades, **D**ebilidades y **A**menazas) sobre ti mismo.
- Comparte tu currículum con antiguos jefes,

amigos y conocidos.

- Localiza las principales firmas del país, líderes en Recursos Humanos, como Korn Ferry, Egon Zehnder, Top Hire, Alder Koten, Performance Management, Michael Page, entre otras. Entra a sus páginas web y envía tu CV directamente. Si la página te da la opción de realizar alguna prueba aprovecha la oportunidad.

- Haz una lista de por lo menos 50 empresas que serían tu sueño dorado para trabajar.

- Entra a sus páginas web, investiga cuáles son sus valores, estúdialas para ver cómo puedes añadir valor a las mismas.

- Al entrar a su página web verifica si tienen alguna vacante abierta y busca la opción de dejarles directamente tu CV.

- Los estudios demuestran que la gente está más receptiva antes de las 9:00 a.m., así que te recomiendo que dediques martes y jueves antes de esa hora para entablar contactos con personas claves dentro de las empresas de tus sueños, no lo hagas con la gente de Recursos Humanos, ni siquiera con el director de RH, no te van a responder, ellos reciben más de 300 mails diarios, si les escribes el tuyo será uno más que quedará sin abrir.

- Busca en primer lugar a los directores generales, a los directores de ventas o a los vicepresidentes, así como a esa persona que ocupa el puesto al cual reportarías en caso de trabajar ahí.

- ¿Cómo contactarlos? Ve a LinkedIn, escribe en el espacio de búsqueda el nombre de la empresa seguido de la palabra and y coloca entre comillas el nombre del cargo. Por ejemplo: **Unilever and "director general"**. Los resultados arrojarán un listado de todas las personas que desempeñan ese cargo. Así harás con cada uno de los puestos que consideres clave para establecer contacto. Puede ser **Unilever and "director de finanzas"** o **Unilever and "director comercial"**. Vas a enviar muchas invitaciones, eso te ayudará a fortalecer tu red.

- Debes hacer lo mismo con los nombres de los principales Head Hunters en México, para esto colocas **"Korn Ferry" and México** y envías una solicitud de amistad.

Una vez que te hayan aceptado es tu oportunidad de marcar la diferencia. Tienes que hacer tu tarea y personalizar tu carta de presentación, tal como ya vimos en el capítulo anterior, de acuerdo con los valores y requerimientos de cada empresa. Recuerda que lo que quieres es destacar.

Son muy pocas las personas que tienen el valor de mandarle un mensaje directo al jefe o al Director General de una compañía y decirle:

Hola soy XXXX, te escribo porque mi sueño es trabajar en tu empresa. Puedo aportar mucho porque he logrado X, Y y Z, tengo estas destrezas y competencias que van acorde con los   valores de tu empresa. ¿Cuándo te puedo llamar para concertar una cita?

Te recuerdo ser prudente, estás contactando a personas con muchas responsabilidades, es muy pesado recibir contactos de personas que no tienen relación con tus responsabilidades, lo que estás buscando es llamar su atención por las razones adecuadas, diferenciarte del resto y que te ayuden a canalizarte al área correspondiente.

Desde mi experiencia te digo que muy poca gente lo hace y al tomar la iniciativa ya te estás destacando. Te puedo asegurar que mientras más escalas en la jerarquía de una empresa la gente es más amable, lo más probable es que te respondan y si no lo hacen directamente reenviarán tu mensaje a Recursos Humanos, entonces sí te van a contactar, porque no saben si conoces al Director General o si éste te está recomendando, es decir, tienes la oportunidad de entrar por la puerta grande.

Igual sucede con los Head Hunters, no es tan importante que te contesten como que suban tu información a sus bases de datos.

Hay personas que recomiendan el envío de videos personalizados a cada uno, como una buena manera de destacarte, comprendo que no es una opción para todos, pero si consideras que tienes la personalidad para hacerlo te puedes arriesgar, no sin antes pedir la retroalimentación de varias personas, no sólo amigos y familiares sino profesionales.

Recuerda:

Es muy probable que no recibas respuesta en el primer contacto, demuestra tu tenacidad y tu capacidad de dar seguimiento manteniendo contacto con las personas a las que contactaste, espera por lo menos 10 días hábiles entre cada contacto, recuerda que un vendedor con hambre no vende, recuerda también a aprender que cuando la respuesta es un no o no soy la persona adecuada, o el área correspondiente y recuerda que se vale pedir recomendación del área adecuada y dejar de insistir.

¿QUÉ MÁS PUEDES HACER?

- Además de LinkedIn, explora los diferentes portales: OCC, Bumeran, Monster, Zip Recruiter, Indeed etc. Recuerda que estás compitiendo con cientos de candidatos, por lo que si hay una vacante que te interese contacta directamente al jefe de esa posición, mándale tu CV y carta de presentación diciéndole por qué tú eres la persona más indicada para el cargo. La idea es destacar y saltarte los filtros de Recursos Humanos, con mucho tacto, si no hay una posición interesante para ti, en ese momento puedes poner la leyenda "para su referencia en futuras oportunidades ".

- Busca siempre el nombre del reclutador que postea la vacante, eso te ayudará a dar con

las palabras claves para ese puesto y podrás
añadirlas a tu carta de presentación.

- Ponte metas específicas para hacer
  contactos.

Si te vas a dedicar a ello martes y jueves
visualiza una meta de enviar invitación a por
lo menos 30 contactos, tomando en cuenta
que probablemente sólo te aceptarán entre 5
y 7, de esos te contestarán el correo entre 2 y
3, es decir, el 10% de tu meta inicial.

- Dedica los demás días para personalizar
tu carta de presentación, tu currículum y
hacer seguimiento. Programa en tu
calendario un seguimiento cada quince días
para no incomodar.

- También puedes contactar a personas
que admires en tu área de desempeño, como
exprofesores, consultores, mentores.

¿QUÉ DEBES EVITAR?

- Dejar la responsabilidad de la búsqueda
en manos de otros.

- Limitarte a enviarle tu CV a un amigo o a
un Head Hunter.

- Postear tu CV en una vacante y sentarte
a esperar que te llamen.

- Subir tu CV a una plataforma de
búsqueda de empleos esperando un milagro,
recuerda que cada posición publicada recibe
más de 200 aplicaciones, si tu perfil no
cumple específicamente con lo que buscan
no serás considerado para la

posición, es más, es muy difícil que lo guarden en su base de datos, seguramente se quedará en la página donde fue publicada la vacante, (OCC, computrabajo, LinkedIn) no es que no tengamos criterio, recuerda que los reclutadores están buscando llenar un perfil específico con urgencia, pocas veces hay un trabajo estratégico detrás de estas publicaciones, es para cumplir una necesidad puntual, así que no centres tu búsqueda de trabajo solo en aplicar a vacantes publicadas.

- Caer en fraudes que prometen colocarte a cambio de una tarifa.

- Pedir a un Head Hunter que comparta tu CV con sus colegas. ¡Nosotros cobramos por hacer eso! Son pocos los que estamos abiertos a compartir información.

- Dejar correos sin contestar.

- Dejar de hacer seguimiento a los CV's y cartas de presentación que has enviado.

- Enviar tu currículum a una posición para la cual no cubres el perfil, nadie te hará caso y tu
CV quedará perdido.

- Perder el tiempo hablando con gente negativa o sin trabajo, este no es el objetivo de tu networking.

Capítulo V

LinkedIn y otros buscadores

LinkedIn ha sido mi fuente primaria de reclutamiento por lo menos durante los últimos cinco años, así que si quieres encontrar el trabajo de tus sueños este es el lugar donde seguramente te buscarán.

Antes de empezar, te sugiero que hagas una investigación de tu competencia en LinkedIn, de aquellas personas que tienen puestos similares al tuyo, así como de las personas que tienen el puesto que tú quisieras tener en el corto y mediano plazo. Toma de ellas las mejores ideas, fíjate en cómo se venden, qué dicen.

En la parte superior izquierda está la lupa, si eres un Gerente Comercial, busca a los Gerentes Comerciales en México, fíjate en qué te hace dar click a una página en lugar de otra.

Mi recomendación es que inviertas tiempo en esto, ya que es un punto clave en tu búsqueda de empleo.

LinkedIn te irá diciendo qué tan completo está tu perfil, mientras más completo lo tengas tendrás ocho veces más posibilidades de ser encontrado.

RECOMENDACIONES

1. Elige una buena foto
Elige una foto clara, amigable y profesional.
Una foto puede decir muchísimo de ti, puede hablar de tu carisma, de tus pasiones, incluso transmitir energía.

Si no tienes idea de qué significa una foto profesional, busca a la gente que admiras en tu sector de negocio y ve qué tipo de fotos manejan. De verdad te aconsejo invertir en una foto profesional, todos tenemos un amigo fotógrafo que puede ayudar.
Sonríe, te verás más amigable.

Evita:
- Fotos de hace diez años, fotos con filtros, con familia o mascotas. Fotos de cuerpo completo, con detalles que distraigan. O las fotos del pasaporte, del IFE o solo de tu cara.

Hay dos aplicaciones que me gustan mucho para ver qué impacto tiene tu foto:
- **Snappr Photo Analyzer**. Me gusta esta aplicación porque analiza tu foto y te dice del 1 al 100 qué tan buena es.
- **Photofeeler**. Ésta te califica en tres rubros: qué tan competente, agradable e influenciador pareces. Es gratuita si dedicas un tiempo a calificar a otros compañeros.

2. Personaliza tu URL

Esto es de suma importancia, ya que quieres insertar esta URL en tu CV. Para evitar esa serie de combinaciones numéricas, lo que debes hacer es muy fácil: ve a la opción de editar perfil, en la parte superior derecha verás "Editar el perfil público y URL", entra a ese campo, personalízalo, guárdalo y listo. Siempre es mejor utilizar tus nombres y apellidos.

3. Escribe un título increíble

Lo primero que verá un reclutador o tu próximo jefe será tu foto y el título, que es justo lo que viene bajo tu foto. Cuando busco candidatos en LinkedIn lo hago por puesto y empresa, si ya tienes esos datos en tu título eso se destacará en mis búsquedas.

Lo que recomiendo es que si tu título o tu puesto son estándar los coloques de la siguiente manera:

- Director Comercial en EMPRESA X
- Cuenta Clave en EMPRESA X
- Contralor en EMPRESA X

Si tu puesto no es muy específico, o es único para tu empresa, puedes escribir algo que lo explique mejor. Por ejemplo, si tu título es Asociado Técnico, puedes colocar Asociado Técnico en Sistemas de Información. No importa si ya no trabajas ahí, es solamente el título. El objetivo es darnos una idea clara de lo que haces.

Evita las abreviaciones o colocar miles de títulos, las últimas personas que quiero ver son esas que ponen miles de certificaciones. Por favor elige una, ya tendrás oportunidad de completar todo después.

4. Locación

Colocar tu locación eleva 23 veces más tus posibilidades de salir en una búsqueda, así que añádela a tu perfil. Si estás buscando trabajo fuera de tu ubicación actual, cambia la locación al lugar donde te gustaría trabajar, pero asegúrate de colocar en tu resumen que actualmente vives en otro lugar y que estás abierto a reubicarte, para que no se vea como una mentira.

Tip: Hay una opción en la parte de "Settings" que permite a los reclutadores ver que estás buscando trabajo, si la activas podrás abrir opciones de reubicación y elegir a qué ciudades te gustaría mudarte.

5. Summary o Extracto Lo que NO es:

- No es un espacio para poner adjetivos que no nos dicen nada o competencias trilladas, ni para colocar un texto aburrido.
- Tampoco es un espacio para poner tu experiencia profesional, ya que para esto hay un   segmento   específico

Aquí debes destacar tus habilidades e intereses profesionales, piénsalo como tu "pitch digital de elevador".

Utiliza esta opción para dejarnos saber cómo eres. Sé creativo, recuerda que el objetivo es destacarte del resto de los candidatos.

Tips

- **Demuestra tus pasiones**. Piensa en lo que más te gusta hacer profesionalmente y qué has logrado, o cómo estás acreditado para lograrlo.

- **Muestra tu personalidad**. Puedes empezar tu Extracto con algo inesperado, algo interesante sobre ti que no esté en tu CV, luego colocar tu experiencia. He visto títulos como: "Intenté ser comediante por más de ocho años, aparecí en Comedy central, antes de darme cuenta de que mis hijos necesitaban comer y ver a su padre". El "storytelling" o narración de cuentos es un buen recurso.

- **Menciona tus hobbies**. No es muy tradicional en LinkedIn, pero te hace ver más humano y amigable. Al final de tu experiencia puedes colocar: "Y también me gusta estar en la naturaleza", por ejemplo.

- **Danos una visión 360 sobre tu puesto y tu empresa**. Ayúdanos a entender qué haces y cuánto te apasiona, cuéntanos lo que más amas de tu trabajo, de tu compañía, equipo, cultura. Hazlo personal, no queremos información   que podemos encontrar en la página de la compañía, queremos conocer tu visión.

- **Gana credibilidad**. Dinos en un enunciado para qué eres excelente y danos un ejemplo.

- **No aburras**. Procura contar una historia, no te limites a colocar datos.

- **Redacta párrafos cortos**. Perderás el interés del reclutador si te extiendes. Se trata de causar impacto con las palabras precisas.

- **Introduce separaciones o subsecciones**. Será visualmente más atractivo y llamará la atención a donde deseas dirigirla.

- **Recuerda para quién hablas**. Elabora el dis-curso pensando en el segmento al que deseas dirigirte para encontrar el trabajo de tus sueños.

- **Cuida muchísimo la ortografía**. Las faltas or-tográficas y una redacción mal estructurada te descartarán de inmediato. Si estás escribiendo en español recuerda colocar los signos de inte-rrogación y exclamación al principio y al final. Si lo crees preciso pide apoyo de alguien que sepa escribir bien.

Esta es una plantilla que te puede ayudar
Soy un/a experimentado/a (carrera), con XX años de experiencia en (qué haces), en (nombre de la empresa). Me apasiona (qué has logrado, para qué compañías, clientes, socios). He dedi-cado XX años de experiencia a (inserta un KPI o Indicador de desempeño, de crecimiento), a

través de (habilidades). He sido reconocido como

xxxx y estoy actualmente buscando oportunida-des (cuáles, en qué sector), así que si te gustaría trabajar conmigo contáctame (insertar por qué medio).

Buenos ejemplos

"Soy un Director de Marketing con 10 años de experiencia en web, publicidad, promociones, eventos y campañas. He trabajado en campañas integradas para grandes clientes como E-trade, Bank of America, Sony Music y Microsoft, que han sido reconocidos con varios premios duran-te mi carrera.

Hasta hace poco lideré la comercialización de XYZ Corp, un desarrollador de software centrado en el middleware para la industria de los video-juegos. En este papel me centré en el marketing B2B, aunque he realizado una amplia labor de B2C en el pasado. Los éxitos incluyen la creación de una campaña de los medios sociales y la publicidad en línea que generaron enorme repercusión en los medios de comunicación y fue clave para el éxito del lanzamiento del software SAP en 2010. La experiencia previa incluye el trabajo con la agencia XYZ & Partners y black Dog de Marketing. Mis compañeros me conocen como un vendedor altamente creativo en el que siempre se puede confiar para llegar a un nue-vo enfoque. Pero sé que el negocio del cliente   es lo primero, por lo que nunca trato de imponer mis ideas a los demás. En cambio, dedico mucho tiempo a entender el negocio y la audiencia antes de sugerir ideas. Puedo trabajar bien solo, pero me siento mejor si lo hago en colaboración con los demás.

Tengo un MBA de la Universidad de Nueva York y una licenciatura de la Universidad del Sur de California.

Actualmente estoy trabajando de manera inde-pendiente mientras persigo nuevas oportunida-des que me pueden llegar, ya sea a través de este perfil o por teléfono al 922 - 555-5555."

***

"Soy definitivamente una persona orientada a la gente, estuve varios años en la banca, pero hace algunos años un evento fortuito me inspiró convertirme en un Reclutador Técnico ¡y me en-canta! No hay nada mejor que encontrar oportu-nidades para gente inteligente que quiere hacer cosas increíbles, es un proceso fantástico y me siento muy afortunado de participar en esto.

Cuando no estoy trabajando estoy con mi pit-bull de dos años que ama hacer ejercicio, ¡mu-chísimo más que yo! Me considero una perso-na noble, amo cocinar, y ver el futbol, ¡Goooya¡ ¡Goooya! Me gustan los videojuegos y trato de viajar cuando puedo.

Me encanta conocer gente, así que si quieres saludarme y contarme una historia ¡venga!

Me siento muy honrado de ser parte de la fami-lia de vARMOUR.

Me especializo en reclutamiento de posiciones de Tecnología de información y Desarrolladores de Software."

Evita
- Redactar en tercera persona.
- Palabras como responsable, creativo, analí-tico estratégico, paciente, experto, ninja, rocks-tar, es de lo más trillado. Sé que puedes ser más creativo.

6. Experiencia
Según LinkedIn si llenas todas tus experiencias profesionales tienes 29 veces más probabilida-des de aparecer en una búsqueda.
Utiliza el formato de CV que vimos en el Capítulo
3. Siempre en orden cronológico y resaltando los logros.

7. Coloca tus habilidades
Te recomiendo colocar por lo menos cinco habili-dades relacionadas con tu experiencia. LinkedIn te ayudará con algunos tips.

8. Fondo de la foto
Te ayudará a destacarte para que tu perfil no sea aburrido o promedio, de igual modo te ayudará a tener una marca personal. LinkedIn te sugiere

que sea una imagen PNG, JPEG o GIF con una resolución de 1400 x 425.

9. Incluye un trabajo actual
Muchos de los reclutadores usamos búsquedas avanzadas y buscamos en Trabajo Actual, si no tienes trabajo puedes colocar "en transición", o "buscando nuevas oportunidades".

10. Pide recomendaciones
No solo de tus habilidades, contacta a tus exjefes, compañeros de trabajo, clientes o socios, pídeles que te escriban una recomendación.

11. Conecta con gente
Ya hablamos de la estrategia de búsqueda, mientras más grande sea tu red mejor probarás tus habilidades de networking. Únete a grupos, son increíbles para buscar oportunidades, haz por lo menos cincuenta conexiones.

JOB BOARDS

Me refiero a páginas como OCC, Bumeran, Computrabajo, etc.
Creo que son un mal necesario. En lo personal no los uso, creo que son mejores para posiciones para recién graduados y gerenciales, pero de niveles no tan altos.
Te recomiendo invertir tan solo el 10% de

tu tiempo en ellos y el resto dedicarlo a hacer *networking*, a armar tu estrategia de búsqueda, a investigar compañías, conocer gente.

Ya te platiqué en la parte anterior que por cada vacante que se publica se reciben en promedio 200 currículums, hay mucha competencia y la mala noticia es que quién está leyendo la información está con una sola cosa en mente, cerrar la vacante específica de la publicación, la mayoría de los reclutadores van contra reloj y pocas veces tienen el tiempo para revisar un CV y pensar que sería genial para otra posición, de verdad que si no cumples con más del 90% de los requisitos que se piden tu CV no será considerado, es más, es muy difícil que lo guarden para otras oportunidades.

Para latinos recomiendo
   - Occ: https://www.occ.com.mx/ En Estados Unidos es monster.com
   - Bumeran: https://www.bumeran.com.mx
   - LinkedIn Jobs: https://mx.linkedin.com/ jobs
   - Latpro, especializado para buscar latinos: https://www.latpro.com/c/

Especializados en Estados Unidos
-   Careerbuilder.com es el número uno en Estados Unidos, es de los que cobra más caro para los empleadores, quienes postean

directamente las posiciones y filtra mucho mejor a los candidatos:

Career Builder
https://www.careerbuilder. com/

Zip Recruiter
https://www.ziprecruiter.com/

 Para posiciones en Retail:
   - https://www.allretailjobs.com/
https://www.dice.com/

Para carreras financieras:
   Career Bank
   https://www.careerbank.com/ Para carreras en radio, televisión producción:
   - **Variety Careers**
https://jobs.variety.com/
   -

   - **Para marketing y publicidad:**
   - Adzuna https://www.adzuna.com/
   -
Sector Salud
   - **Health eCareers**
https://www.healthecareers. com/
   -
Para abogados:
   - Law Jobs https://lawjobs.com/

   - **Relaciones Públicas**
   -
   - Week Jobs https://www.prweekjobs. co.uk/
   -

Capítulo VI

¿Cómo prepararte para una entrevista?

Si diseñaste tu estrategia de búsqueda de empleo de acuerdo con los tips de los capítulos anteriores y además tienes un súper perfil en LinkedIn, seguramente ya estarás recibiendo correos para entrevistas.

Lo primero y más importante que debes hacer es investigar a la compañía que te va a entrevistar. Tienes que conocer la empresa para poder prepararte y sobre todo, llevar buenas preguntas a tus entrevistadores. Esto no es sólo para venderte bien, es una investigación a fondo y un set de preguntas apropiadas que te ayudarán a decidir si es ese el lugar en el cual quieres trabajar.

10 COSAS QUE TIENES QUE HACER ANTES DE IR A UNA ENTREVISTA

1.- Visita su página corporativa

Revisa su misión, visión, historia, qué productos hacen, qué servicios ofrecen. En la mayoría de los casos encontrarás información sobre su cultura, valores y algunas veces, sus competencias. Presta atención a los temas que se repiten en el sitio, si por ejemplo se repite mucho "Nos mueve la excelencia", ¿cómo te hace sentir? ¿Motivado? ¿Cansado? ¿Qué tan lejos te queda de casa? Utiliza Waze para saber cuánto te tardarías en llegar en los horarios de trabajo.

2. Checa todas las redes sociales de la compañía

Métete a todas las cuentas de la compañía, visita su Facebook, Google, Twitter, LinkedIn, Instagram. Esto te dará una idea más amplia de la imagen que desea proyectar la compañía. Es recomendable seguirlos, así te enterarás de cualquier novedad al momento.

Mientras estás investigando a la compañía te pido que mantengas una mente crítica, no se trata únicamente de venderte, sino de darte cuenta de si quieres trabajar allí. ¿Qué tal si no tienen presencia en redes sociales? ¿O su cultura no es lo que buscas? Tendrás más información para hacer preguntas y darte cuenta si es un área de oportunidad en la que puedas encontrar un reto y ser feliz, o una futura pesadilla.

Si la compañía es transnacional o tiene presencia en Estados Unidos, te recomiendo una página increíble que se llama Glassdoor https:// www.glassdoor.com/index.htm. Esta página me gusta muchísimo porque puedes encontrar posts de gente que ya fue a entrevista con ellos, y cuentan cómo les fue y qué preguntas hicieron.

Busca a tu entrevistador en LinkedIn, revisa bien su perfil, agrégalo antes de la entrevista. Eso habla muy bien de ti y estarás sumando puntos. Aprovecha para ver a quién tienes en tu red que trabaje ahí. Si vas a pedir información tienes que hacerlo de una manera muy amable, inteligente y sutil.

Aprovecha también para buscar a tu entrevistador en Facebook, una buena página para averiguar quiénes son, cuáles son sus posts y encontrar gustos comunes es Facebook Stalker: https://stalkface.com/.

3. Averigua sobre la empresa en internet

Utiliza todas las herramientas que te ofrece internet para profundizar en el conocimiento de la empresa. Además de Google, tienes Google Finance, Yahoo Finance, Hoovers, Youtube, en donde puedes encontrar información de mucho provecho.

4. Conoce la empresa a profundidad

No te limites a realizar búsquedas sobre la compañía, conoce su competencia, su industria. Tienes que manejar la información más actual, saber si son sólidos en términos financieros, si están haciendo inversiones o recortes. No tienes idea de cuánta gente he entrevistado que ya no tiene trabajo porque la empresa cerró o les tocó recorte masivo a los meses, cuando esta información ya estaba disponible en todas las redes.

5. Visita puntos de venta

Si la compañía tiene productos tangibles ve al supermercado, tienditas de abarrotes, tiendas departamentales o retailers. Si ofrecen un servicio averigua cuáles son sus clientes y qué experiencia han tenido. Piensa también como si estuvieras llevando un caso de negocio: qué podrías hacer para mejorarlo. No se trata de hablar mal de la compañía, pocas veces cae bien quien señala los errores, piensa en cosas positivas, en lo que te gustó, lo que hicieron bien, y si sientes buena empatía en la entrevista sutilmente puedes hablar de áreas de oportunidad.

Utiliza esta información para alinear tus respuestas y lograr que las mismas sean contundentes, a fin de mostrar al entrevistador cómo puedes agregar valor al negocio.

6.- ¿Por qué te interesa la posición? ¿Por qué tú serías la persona ideal para el puesto y la compañía?

Asegúrate primero de tener la descripción detallada del puesto para el cual te van a entrevistar, si no la tienes puedes pedirla o revisarla en su página corporativa o en LinkedIn; también se vale pedirla al entrevistador. Si no pueden compartirla puedes alegar que te gustaría contar con más información para prepararte mejor y pedir que te faciliten algunas de las características relevantes.

Haz un "check list" con la descripción del puesto y enuncia, punto por punto, por qué tú deberías tener esta posición. Puedes utilizar esta información para decirles de qué manera admiras los logros, cultura, o misión de la compañía, o buscar específicamente cómo tu experiencia puede agregar valor al momento en el que se encuentran, por ejemplo, si están por certificarse, están viviendo recortes, están expandiéndose o son una startup. Si ya has vivido alguna de esas etapas puedes compartir cómo lo hiciste. ¿Qué mejor manera de probar que puedes con el reto que demostrar que ya lo hiciste en el pasado?

Lleva por lo menos cinco puntos preparados que contesten por qué tu experiencia te hace el mejor candidato para la posición y apóyate mostrando evidencia de lo que ya has logrado.

7. Anticípate a las preocupaciones o preguntas del entrevistador

En Google puedes encontrar miles de sitios con las preguntas más comunes en una entrevista. Pueden ser preguntas comunes de una entrevista no estructurada o, si vas a una transnacional o a una compañía ya institucionalizada, es bastante probable que te hagan cuatro tipos de entrevista. Ya lo veremos en profundidad más adelante.

Pero sobre todo contrasta tu perfil con la descripción del puesto. Anticípate a las preocupaciones que pueda tener de ti el entrevistador. Tienes que saber lo que están buscando, si no cubres algunos de los puntos del perfil anticípate diciendo por qué tú serías la persona indicada.

Si tienes gaps en tu CV o si has tenido períodos cortos de trabajo, anticipa las respuestas de por qué saliste.

8. Prepara preguntas para tu entrevistador

Siempre he dicho que las entrevistas son como una primera cita amorosa, no quieres salir con alguien que se pasa todo el tiempo platicando sobre sí mismo sin hacerte ninguna pregunta ¿cierto?

Utiliza tu investigación para formular preguntas interesantes. A mí me gustan las siguientes:

- ¿Qué esperas que logre esta persona en los primeros 3, 6, 12 meses?
- En caso de obtener esta posición ¿a qué retos me enfrentaría?
- ¿Por qué te gusta trabajar aquí?
- ¿Cómo describes la cultura de la empresa?
- ¿Cuáles son las posibilidades de desarrollo?
- ¿Cuál es tu estilo de trabajo?
- ¿Por qué no está la persona que ocupa el puesto que ofrecen? ¿Por qué no hay una persona interna en este puesto?

- ¿Cuáles son sus valores?

9. Practica
Ya te preparaste, ya lo tienes por escrito, pero no es lo mismo escucharte diciendo esas respuestas.

- Practica para que tus respuestas transmitan seguridad al entrevistador, es importante que suenes natural y articulado.

- Apóyate en amigos o familiares para que te entrevisten usando las guías que preparaste, solicita su retroalimentación.

- Pide a quien te ayude a practicar que observe si tienes alguna muletilla, créeme que he tenido varias ocasiones en las cuales una muletilla como "esteee", "ummm", han costado el trabajo a una persona. ¿Por qué? Porque estamos buscando a alguien con habilidades de comunicación verbal y escrita. Las muletillas te pueden restar credibilidad.

-Vuelve a leer tu CV con tus logros, debes ser capaz de mencionarlos evitando adjetivos, como por ejemplo "incrementé muchísimo las ventas", "ahorramos un montón". NO lo hagas.

- Estés en el puesto en que estés debes ser capaz de saber cómo miden tu trabajo y bajo qué indicadores de desempeño, incluso si tu empresa no los mide piensa en lo que has logrado y cómo impactaste el bottom line del negocio.

- Revisa las fechas de tu CV y checa que cuadren. Asegúrate de que la información que digas en la entrevista sea igual a lo que está en el CV.

10. Prepara tu ropa, las copias de tu CV y confirma un día antes tu entrevista

- Checa antes el código de vestimenta y prepara tu ropa para el día de la entrevista.

- Si tu entrevista es personal imprime por lo menos tres copias de tu CV y prepáralas en un folder limpio. Una vez una candidata no pasó el proceso de entrevistas porque su CV venía sucio y en un folder usado, te puedes encontrar de todo. La presentación de tu información, así como la tuya, habla de quién eres.

- Por lo general tu entrevistador ya tiene tu información y "debería" estar preparado, pero no siempre es así, por lo cual lo mejor es llegar preparado y tener las copias de tu CV a mano.

TIPOS DE ENTREVISTAS A LAS QUE TE PUEDES ENFRENTAR

ENTREVISTA POR COMPETENCIAS

Esta es una de las más comunes, lo que el entrevistador querrá averiguar es si haces un match con las competencias que exige el puesto y con las de la compañía. Si realizaste una buena investigación las puedes averiguar en su página web, en Google o en Hoovers.

Lo que buscará el entrevistador es obtener ejemplos de tus **conocimientos, habilidades y actitudes**, ya sea en tu vida personal, profesional o académica, buscando ejemplos concretos.

Recuerda que lo que quieres demostrar es que tú tienes esa competencia. Aquí te voy a decir lo que están buscando para que construyas tus respuestas con base en tu experiencia, pero antes te aconsejo:

- Mantén siempre un punto de vista positivo, nunca hables mal de nadie.

- Asume la responsabilidad por los errores y muestra qué aprendiste de ellos.

- No estamos buscando a alguien perfecto, pero sí a alguien que se conoce a sí mismo, es honesto en lo bueno y en lo malo y puede aprender de sus fallas.

Por lo general te calificarán en una escala del

0 al 4 buscando evidencia de que tienes estas competencias o indicadores positivos.

0- No hay evidencias.

1- Poca evidencia.

2- Evidencias limitadas.

3- Muestra indicadores positivos de manera satisfactoria.

4- Bueno o excelente mostrando indicadores positivos.

Lo mejor es contestar utilizando la metodología **STAR**. Cuando des una respuesta trata de incluir:

S- Situación, contexto, sé conciso e informativo.

T- Tarea que estabas realizando. **A**- Acción que implementaste. Esta es la oportunidad de demostrar quién eres:

- Habla en primera persona y si eres líder incluye a tu equipo en los resultados.

- Ve al detalle sin extenderte en exceso.

- No asumas que tu entrevistador sabe de qué estás hablando, así que educadamente pregunta si te estás explicando. No te extiendas tanto en la parte técnica, a menos que sea crucial para tu historia.

- Explica qué hiciste, cómo lo hiciste y por qué lo hiciste.

R- Resultado. A mí me gusta siempre añadir qué aprendiste de lo que te sucedió, esto suele sumar algunos puntos extras. Los entrevistadores están buscando conductas específicas, por lo que debes ser capaz de demostrar en tus respuestas que estás tomando acciones concretas con un resultado en mente, que no actúas al azar.

LAS 10 COMPETENCIAS MÁS BUSCADAS EN EL MUNDO LABORAL

1. Adaptabilidad
Buscarán qué tanto puedes adaptarte a medio ambientes cambiantes manteniendo tu efectividad.

¿Qué te pueden preguntar?

- Cuéntanos cuál ha sido el cambio laboral más difícil para ti.

- Cuéntanos cuál ha sido el cambio más grande que has vivido y cómo lidiaste con él.

2. Apego a procesos

- ¿Qué tanto te apegas a las reglas corporativas?

- ¿Cómo te aseguras de que tus acciones estén alineadas a las políticas de la compañía?

- Cuéntanos de alguna ocasión en la que hayas ido en contra de alguna política corporativa, ¿por qué lo hiciste y como lo manejaste?

3. Comunicación

Buscarán si te comunicas de manera efectiva, si tienes capacidad para escuchar, si adaptas tu estilo de comunicación a las diferentes audiencias y si fomentas la comunicación entre tus áreas de trabajo.

Comunicación verbal

- Cuéntanos una situación en la cual tus habilidades de comunicación hicieron la diferencia.

- Cuéntanos alguna ocasión en la cual tuviste que explicar algo complejo a algún cliente o colega, ¿a qué problemas te enfrentaste y cómo lidiaste con eso?

- ¿Cómo te preparas para una junta importante?

- Cuéntanos alguna situación en la que no pudiste comunicarte correctamente.

Capacidad de escucha
- Describe una situación en la cual tus habilidades para escuchar hayan sido cruciales para lograr un resultado.
- Cuéntanos una situación en la cual tuviste que resumir puntos complejos.
- Cuéntanos de alguna ocasión en la cual hayas tenido problemas en enfocarte a una audiencia, ¿cómo lo manejaste?

Comunicación escrita
- ¿Qué tipo de escritura has hecho?
- ¿Cómo sientes que escribir un reporte sea diferente a darlo oralmente?
- ¿Qué retroalimentación positiva o negativa has recibido sobre tus habilidades de escritura? Dame un ejemplo de algún reporte que haya sido criticado.

4. Manejo de conflictos
Evaluarán la manera en que fomentas la tensión creativa, ¿cómo manejas la diferencia de opiniones?, si te anticipas para prevenir confrontaciones que sean contraproducentes, ¿cómo resuelves los conflictos de una manera constructiva?
- Cuéntanos una ocasión en la cual tuviste que

resolver un conflicto para lograr un beneficio.

- Cuéntanos alguna anécdota en la cual hayas tenido que lidiar con un conflicto en tu equipo.

- Cuéntanos una situación en la cual un conflicto tuvo un impacto negativo, ¿cómo lo resolviste y cómo manejaste la situación?

- Danos un ejemplo en el cual no pudiste lidiar con alguien difícil en tu equipo.

5. Creatividad e innovación

Medirán qué tanto puedes desarrollar nuevas alternativas en distintas situaciones, si cuestionas los alcances convencionales, si procuras proponer nuevas ideas e innovaciones, si diseñas o implementas nuevos procesos o programas.

- Cuéntanos sobre un proyecto o situación en la cual pensaste que el alcance convencional no bastaba, ¿qué hiciste? ¿a qué retos te enfrentaste y cómo encaraste la situación?

- Cuéntanos de alguna situación en la que se te dio la confianza de proponer una nueva solución a algún problema, ¿cómo manejaste el proceso?

- Cuéntanos de alguna ocasión en la que hayas tenido que convencer a alguien de mayor rango de que un cambio era necesario, ¿qué te hizo pensar que este nuevo alcance era el mejor?

6. Proactividad, decisión

Medirán si eres capaz de tomar decisiones bien

informadas, efectivas y en tiempo, aun cuando la información o el tiempo sean limitados. Si eres capaz de percibir el impacto y las implicaciones de tus decisiones.

- ¿Cuál es la decisión más importante que has tenido que tomar en tu vida? ¿Por qué la tomaste? ¿Qué hiciste?

- ¿Cómo llegaste a la conclusión de que era tiempo de cambiar de trabajo?

- Dame un ejemplo de una situación en la cual hayas tenido que retrasar alguna toma de decisiones para reflexionar.

- ¿Qué decisión has postergado en tu vida y por qué?

- ¿Alguna vez te has negado a tomar una decisión?

7. Flexibilidad

Medirán qué tanto modificas tus acciones para lograr un resultado, si estás abierto al cambio, si te adaptas rápidamente a nuevas situaciones o condiciones cambiantes, a obstáculos, etc.

- Describe una situación en la cual hayas tenido que cambiar tu plan de acción a mitad de proyecto.

- Describe una situación en la que hayas encontrado algún obstáculo o una situación inesperada.

- Si te diera un proyecto para administrar ¿cómo lo encararías?

8. Capacidad de influenciar

Tu habilidad para convencer a otros, ganar con argumentos la aceptación de terceros, o de incidir en planes, ideas o actividades.

- Describe una situación en la cual hayas tenido que influenciar a otros en un asunto importante,
¿cómo lo hiciste? ¿Qué estrategia utilizaste?
- Describe una situación en la que hayas tenido que influenciar a diversas personas con agendas diferentes. ¿Qué estrategia utilizaste?
- Cuéntanos de alguna vez en la que hayas tenido que vender una idea a un superior.
- Describe el proyecto que más te ha gustado vender a la gerencia.
- Describe una ocasión en la cual no pudiste vender alguna idea que pensabas que era la correcta.

9. Capacidad para delegar

Qué tan capaz eres de usar a tu equipo y a tu gente para obtener el apoyo apropiado.

- ¿Qué tipo de responsabilidades delegas? Dame ejemplos de proyectos en los cuales tomaste la mejor decisión al delegar.
- Danos un ejemplo de un proyecto o tarea en el que sentiste que tú tenías que hacerte cargo. ¿Qué evitó que delegaras?
- Danos un ejemplo de una situación en la cual no quisiste delegar. ¿Por qué lo hiciste?
- Cuéntanos una anécdota en la que delegaste

algo a la persona errónea. ¿Qué te hizo tomar la decisión? ¿Qué paso? ¿Qué aprendiste de ello?

10. Liderazgo
¿Qué tanto actúas como un modelo a seguir? ¿Qué tanto te anticipas y planificas el cambio? ¿Qué tan capaz eres de comunicar tu visión a un equipo?

   - Cuéntanos de alguna situación en la cual tuviste que mejorar el desempeño de tu equipo. ¿Cuál era el problema y cómo lo solucionaste?

   - Describe una situación en la que hayas tenido que liderar a tu equipo a través de un cambio. ¿Cómo lo lograste?

   - Describe un proyecto en el cual tuviste que usar diferentes estilos de liderazgo para lograr un resultado.

Estas son las diez habilidades más comunes que suelen evaluarse, por eso es muy importante que pidas la descripción del puesto, ya que ahí se establecen qué competencias buscan, si alguna de ellas no está en esta lista busca por internet.

ENTREVISTA CONDUCTUAL

La diferencia entre esta y la de competencias es muy difícil de notar. Ambas requieren que hables de tu experiencia pasada para probar que puedes con el rol para el cual te están entrevistando.

   Hay una distinción en la segunda parte de

la pregunta. En la entrevista por competencias están evaluando tus habilidades o talentos. En la entrevista basada en conductas están buscando saber qué conducta va más allá de tu desempeño. Muchas de las preguntas estarán enfocadas específicamente a la posición para la cual te están entrevistando.

- Evalúan tus habilidades para pensar de manera crítica.
- Pensamiento analítico.
- Habilidades de pensamiento financiero, de marketing o de liderazgo.

Indagarán en tu personalidad, qué te motiva, de qué manera puntual influencias a las personas en diferentes situaciones. Son preguntas diseñadas específicamente para ver si haces un match con la personalidad de la empresa.

Es muy importante ante ambas entrevistas que investigues muy bien la personalidad de la compañía. En ambos casos tus respuestas deberán estar orientadas partiendo de tu investigación en cuanto a lo que requiere la empresa.

ENTREVISTAS BASADAS EN DESEMPEÑO

Estas son mucho más personalizadas, y requieren una definición de los objetivos puntuales de la posición (Smart Goals).

Lo que hará el entrevistador es convertir cada

uno de los objetivos de la posición a la que aspiras en una pregunta específica, por eso es de suma importancia, si tienes un primer filtro, preguntar qué se espera de esa posición. Las preguntas que te harán serán de este tipo:

- Lo que necesitamos es que esta persona baje los niveles de rotación de personal de un 30%a un 15%. ¿Cómo lo lograrías?

Es muy difícil que practiques este tipo de respuestas, ya que dependerá enteramente de la situación de la empresa y el objetivo del puesto y no vas a tener tanta información.

Un mal candidato se sentirá incómodo ante estas preguntas, se pondrá nervioso, hablará de generalidades y dará mil vueltas al asunto. Dará respuestas insustanciales.

Lo que se busca en un candidato ante este tipo de preguntas es:

- Que sea específico.

- Que hable de hechos, de números, de porcentajes, de sus Indicadores de desempeño y muestre entusiasmo en sus respuestas siendo concreto y específico.

Son muy pocas las empresas que hacen este tipo de preguntas, pero son mucho más efectivas.

Igual que en las entrevistas por competencias o conductuales estarán buscando saber qué hiciste en el pasado que te pueda ayudar a lograr un resultado específico en una nueva posición.

Te recomiendo utilizar en cada una de ellas la

metodología **STAR**: **S**ituación, **T**area, **A**cciones, **R**esultados + **A**prendizaje.

Las preguntas son muy parecidas a las que se realizan en las entrevistas por competencias, pero estarán más enfocadas a la posición. Te voy a dar ejemplos.

Efectividad interpersonal

- ¿Cuál es el grupo más difícil con el que has trabajado? ¿Cómo lidiaste con la situación? ¿Cuál fue el resultado?

Seguridad personal

- Nombra tres cosas que hayas hecho para crecer en tu trabajo.
- Relata una situación en la cual hayas recibido retroalimentación negativa y la hayas transformado en algo positivo.
- Dame un ejemplo en el cual hayas utilizado tu buen juicio para solucionar algo.

Pensamiento sistémico

- En tu trabajo actual, ¿qué cambio organizacional has llevado a cabo del cual te sientas orgulloso?
- Describe una situación en la que hayas recorrido esa milla extra o hayas realizado un esfuerzo extra. ¿Cómo te sentiste?

Habilidades técnicas

- Describe una situación en la cual hayas tenido que asistir a tu equipo y ayudarlos a entender la relevancia de la organización en un punto específico de su trabajo. ¿Qué mecanismos de comunicación utilizaste?

- Del 1 al 10 cómo te calificarías en las siguientes áreas negociación: Manejo de conflictos, Ética, etc.

- Dame un ejemplo de cómo utilizaste tus conocimientos técnicos en algún área de tu posición actual.

- Contrastando lo que sabes respecto a esta posición con tus conocimientos actuales. ¿Qué oportunidades de crecimiento o mejoría crees que la misma puede ofrecerte?

LAS PREGUNTAS MÁS COMUNES

Puede ocurrir que te encuentres con una entrevista poco estructurada, por lo que a continuación te dejo las preguntas más comunes y te doy tips respecto a cómo debes responder.

Sea cual sea la pregunta estas son las tres cosas que debes dejar clarísimo al entrevistador:

1. ¿De qué manera eras indispensable en tus trabajos anteriores?

2. ¿Qué tan espectacular vas a ser en este nuevo trabajo?

3. ¿Por qué haces un engranaje perfecto con

esta posición?

1. Cuéntame de ti
Con esta pregunta comienzan el 99% de las entrevistas.
Quieren que empieces a hablar y a establecer una buena empatía, lo cual te da el poder y la oportunidad de causar una buena impresión.

2. ¿Cómo quieres empezar tu historia?
Es tu "elevator pitch" en castellano discurso de presentación exprés, lo que usaste en tu sumario de LinkedIn. Habla de tu personalidad y de tus Puntos más importantes de ventas
   Te recomiendo ser:
   - Natural
   - Espontáneo
   - Genuino
   - Agradable
   - Empieza fuerte

3. ¿Cómo quieres que te vean?
Lo que quieren saber es si eres la persona correcta para la posición, puedes empezar hablando de ti y resaltar tus tres logros más importantes.
   Ejemplo:
   "Me he desempeñado satisfactoriamente los últimos xx años en x tipo de industrias. Los últimos xx años he trabajado en x compañía, donde he logrado x, y, z".

Acuérdate siempre de usar números y tiempo para expresar tus logros.

"He sido promovido X veces y me apasiona hacer x, y, z". Prepara tus respuestas, pero deja un espacio para improvisar

4. ¿Quién eres profesionalmente?

Haz referencia a tu posición actual o a la última. "Acabo de graduarme de un MBA y estoy
trabajando en X posición en tal compañía".

5. ¿Por qué estás aquí? o ¿Por qué estás interesado en esta posición?

La clave es el entusiasmo y tu preparación para contestar esta pregunta. Tu investigación es fundamental: la investigación de la compañía y del puesto para que puedas responder de manera inteligente y acertada por qué te interesa.

Lo que quieren escuchar es por qué te mueve estar ahí. Tienen que ver que valoras la oportunidad. Te sumará puntos el hecho de que noten tu iniciativa de investigar sobre la compañía y los entrevistadores.

Las entrevistas no son solamente una oportunidad para hablar de ti, sino de mencionar por qué tu serías la mejor elección para ocupar esa posición.

Ejemplo 1

"Aunque me gusta mucho mi posición, me

siento muy contento de estar aquí porque estoy buscando una oportunidad para que me ayude a x, y, z".

El objetivo es que vean que estás entusiasmado, es buen momento para demostrar que estudiaste la empresa y la posición. En este punto debes decir por qué estás preparado para ocupar ese puesto, en qué ambiente te desarrollas mejor y qué estás buscando.

Ejemplo 2
"Siempre he admirado muchísimo su empresa. Me encanta X producto. Hace poco leí una entrevista de su CEO en X revista (o sitio web). Me impresionó x,y,z de su cultura corporativa.

Vi también que la descripción del puesto enfatiza tales puntos y creo que son dos de mis puntos más fuertes, estoy seguro de que es un rol en el cual yo podría ser muy exitoso". Lo que no debes hacer
  - Aburrir
  - Dar respuestas largas
  - Irte al principio de tu carrera o de tu vida.
No están interesados en los detalles de tu vida personal

6. ¿Qué sabes de nuestra compañía?
Quieren saber si investigaste sobre la compañía y medir tu interés en ella,

Te sugiero comenzar con algo como: "Me siento

muy identificado con su misión porque creo en x, y, z". Puedes compartir un ejemplo.

Esta es la oportunidad para mostrar que investigaste. ¿Qué tipo de organización es? ¿Pública? ¿Privada? ¿Qué servicios o productos ofrece? ¿Cuál es su ingreso anual? ¿De qué se trata el puesto? ¿Qué noticias relevantes hay? ¿Cuáles son sus logros?

Estructura tu respuesta para que dure máximo 2 minutos. Ve de lo general a lo particular.

7. ¿Por qué te interesa esta posición?
Quieren saber qué tan interesado o apasionado estás respecto al puesto.
- ¿Qué te entusiasma?
- ¿Cómo se alinea tu experiencia y habilidades con el rol?
- ¿Cómo se conecta con tu trayectoria y por qué hace sentido con tu plan de carrera personal?

8. ¿Por qué deberíamos contratarte?
Parece intimidante, pero es la mejor oportunidad de brillar.
Aprovecha para demostrar:
- Que puedes hacer el trabajo logrando grandes resultados.
- Que realmente haces un ajuste con el equipo y la cultura de la empresa.
- Por qué sobresales entre los demás candidatos.

9. ¿Cuáles son tus fortalezas?

- Sé específico. Habla de tus verdaderas fortalezas, no de lo que crees que quieren escuchar.
- Enfócate en aquellas que sean relevantes para la posición en particular.
- Da un ejemplo.

Ya trabajaste esta parte en el segundo capítulo del libro. Haz una lista y selecciona las tres más relevantes para esta posición. En lugar de decir "Soy muy trabajador", puedes decir: "Una de mis fortalezas es mi ética de trabajo, cuando me comprometo a cumplir algo siempre lo logro. Por ejemplo, el mes pasado tuve que trabajar toda la noche para entregar a tiempo un proyecto que sabía que el cliente necesitaba".

10. ¿Cuáles son tus debilidades?

Lo que realmente quieren saber es qué tanto te conoces y qué tan honesto eres. Lo peor es utilizar respuestas de cajón: "Soy muy perfeccionista", "Me exijo mucho a mí mismo".

Utiliza ejemplos de algo que te cueste trabajo y cómo lo estás mejorando: "Me cuesta trabajo hablar en público y por eso últimamente he apoyado a mi equipo en un proyecto especial". "Quiero mejorar mi inglés conversacional, por eso me metí en un proyecto que me exige hablar en inglés"

11. ¿Cuál es tu mayor logro profesional? Utiliza de nuevo la metodología STAR: Situación, Tarea Acción Resultado y Aprendizaje

Resultado y aprendizaje

Si investigaste sobre la descripción y sabes qué se espera de ti, deberías utilizar un gran logro que les diga que tú puedes hacer un excelente trabajo en esa posición porque ya lo lograste antes. Si no es el mismo reto piensa en algo parecido.

12. ¿Cómo te ves en 5 años?

- Si tienes expectativas realistas de carrera.
- Si tienes ambición.
- Si la posición se alinea con tus objetivos personales.

La respuesta deberá decirles de manera realista a dónde te podría llevar esa posición.
ñ
Lo que no debes contestar

- Que te ves en la misma posición que ocupas ahora.
- Que te ves en tu propia empresa.
- Que te ves en otra compañía.

Ejemplo:

"Esta posición me emociona mucho y en cinco años me gustaría ser reconocido por x, y, z en esta industria, y crecer en responsabilidades".
Hazles saber cómo esta experiencia te puede

llevar a donde quieres llegar en cinco años.

13. ¿Por qué saliste o por qué quieres salir de tu compañía? ¿Por qué estás explorando esta posición?

Jamás digas nada negativo. Tienes que dejar claro que estás listo para nuevos retos que se ajusten a tu personalidad. Es válido decir que te tocó recorte de personal, sé honesto con tu motivo de salida sin hablar mal de nadie.

Todo se puede poner en positivo dejando claro que no fue por no llegar a resultados.

Debes dejar claro:

- Que estás listo para nuevos retos.
- Que estás buscando una compañía con X cultura, más afín con tu personalidad.
- Que estás buscando crecimiento.

14. ¿Cuál es tu expectativa salarial?

Esta es una pregunta fundamental. Primero que nada, debe quedar muy claro que tu principal motivación no es el dinero. Nunca me he sentido inclinada por elegir a los candidatos cuya única motivación es esa, esa postura me da a entender que si llega un mejor postor se van a ir.

En primer lugar, te pido conocer a fondo tu paquete actual de compensación. El 90% de los candidatos que entrevisto no tienen idea de algunos datos básicos.

Debes conocer los siguientes puntos (si

tienes dudas revisa a profundidad tu recibo de nómina):

- Tu sueldo base (antes de impuestos) y neto (después de impuestos).
- Aclarar en qué tipo de nómina estás, si es interna, outsorcing, etc.
- Cuántos días de aguinaldo tienes. Si tienes prestaciones de ley son 15 días.
- Cuántos días de vacaciones te pagan y cuál es el porcentaje de prima salarial.
- Fondo de ahorro (si es topado por ley o no).
- Vales de despensa (si son por ley o no).
- Bonos y comisiones. Explicar perfectamente cómo se compone el bono y cada cuánto te lo pagan. Si es variable debes estar listo para contestar la pregunta: ¿Cuál sería un buen promedio de tus comisiones mensuales?
- ¿Qué prestaciones tienes?
- Auto
- Gasolina
- Comedor
- Vales de restaurante
- Check up anual
- Seguro de vida (aunque este no suma el total anualizado debes saber de cuánto es, si la nueva posición no lo incluye lo tienes que sumar al anualizado).
- Seguro de gastos médicos, a quién incluye y cuál es el monto de cobertura. Si la nueva propuesta no lo incluye deberías saber un

aproximado de cuánto pagarías si lo contrataras por fuera (en caso de que no exista esta prestación lo tienes que sumar también al anualizado).

- Car allowance. Si te pagan las mensualidades de un auto.
- Acciones. Debes entender muy bien tu paquete de acciones, saber el precio actual y cada cuánto las puedes ejercer.
- Seguro dental
- Gastos médicos menores

Revisa el **Capítulo 8** para ampliar estos puntos. Si tienes varias entrevistas te recomiendo llevar una bitácora. Acá te dejo un modelo de hoja que puedes llenar antes de cada entrevista:

HOJA DE REFERENCIA PARA ANTES DE TU ENTREVISTA

SOBRE LA EMPRESA	
NOMBRE DE LA EMPRESA	FECHA DE FUNDACIÓN DE LA EMPRESA
MISIÓN	VISIÓN
GIRO DE LA EMPRESA	¿CUÁNTOS EMPLEADOS TIENEN EN EL MUNDO?
INGRESOS ANUALES	EMPLEADOS EN TU PAÍS
BREVE HISTORIA DE LA EMPRESA	¿ES PÚBLICA O PRIVADA?
PRINCIPALES CLIENTES	¿CUÁL ES SU ESTRATEGIA DE NEGOCIOS?
COMPETIDORES MÁS FUERTES	¿CUÁNTOS PUNTOS DE VENTA O LOCALIDADES TIENE EN EL PAÍS?
COMPETENCIAS DE NEGOCIO (LAS PUEDES ENCONTRAR EN SU PÁGINA , SON LAS ACTITUDES Y COMPORTAMIENTOS QUE BUSCAN EN SU GENTE)	¿YA VISITASTE ALGÚN PUNTO DE VENTA? ¿CUÁLES SON TUS OBSERVACIONES?
TIPO DE CULTURA	¿QUÉ COMPARTES CON LA EMPRESA DE VALORES Y CULTURA?
ULTIMAS NOTICIAS RELEVANTES	
UBICACIÓN	
TIEMPO ESTIMADO PARA LLEGAR Y REGRESAR A CASA EN HORARIOS DE TRABAJO	
PUESTO	
SOBRE EL ENTREVISTADOR	
NOMBRE	¿EN QUÉ EMPRESAS HA TRABAJADO?
¿DÓNDE ESTUDIÓ?	¿QUÉ TIENES EN COMÚN CON LA PERSONA?
¿LO AÑADISTE EN LINKEDIN?	
SOBRE EL PUESTO ESPECÍFICAMENTE	
PUESTO	¿CÓMO LOS CUBRES?
1	
2	
3	
AÑOS DE EXPERIENCIA REQUERIDOS	¿CUÁNTOS TIENES TÚ ?
RETOS PRINCIPALES DEL PUESTO	¿QUÉ HE LOGRADO EN MI PASADO QUE LES DEMUESTRE QUE PUEDO CON ESTE RETO? EXPRESADO EN INDICADORES DE DESEMPEÑO Y TIEMPO
1	
2	
3	
COMPETENCIAS NECESARIAS PARA EL PUESTO	EJEMPLO DE TUS FORTALEZAS PARA ESTE PUESTO
1	
2	
3	
¿EXISTE ALGO QUE LES PUEDA PREOCUPAR DE MI PERFIL? ¿CÓMO CONTESTARÍA A SUS INQUIETUDES?	
CÓDIGO DE VESTIMENTA	
FECHA Y HORARIO DE ENTREVISTA	
DIRECCIÓN DE ENTREVISTA	
LLEGAR	
PREGUNTAS ESPECÍFICAS PARA LA POSICIÓN QUE TÚ LES VAS A PLANTEAR	
1	
2	
3	

PSICOMETRÍA Y ASSESSMENTS

Muchas empresas y Head Hunters siguen apoyándose en herramientas como tests psicométricos y assessments o evaluaciones en línea para tomar su decisión de contratación.

Ten cuidado con este paso, es muy posible que si no obtienes un resultado positivo tampoco obtengas el trabajo. Me ha pasado en muchas ocasiones.

Tómalos en serio, prepárate, tómate el tiempo para hacerlos, ya que casi siempre son exámenes
en línea. Contesta desde tu casa, tranquilo, sin distracciones y procura tener una buena conexión de internet.

Hay dos tipos de tests:

A) De aptitud. Son los que te dan la oportunidad de demostrar tus habilidades específicas.
  • De habilidad o cognitivos
  • De razonamiento numérico
  • De razonamiento verbal
  • De razonamiento abstracto o lógico
  • De razonamiento mecánico
  • De pensamiento crítico
  • Motivacionales

B) De personalidad. Se enfocan en analizar tu comportamiento y cómo reaccionarías frente a diferentes situaciones en un ambiente   laboral.

Pueden ser verbales o escritos. Aquí no hay respuestas correctas o incorrectas, lo mejor es que respondas con honestidad.

TIPS PARA LAS PRUEBAS PSICOMÉTRICAS

1. Pregunta qué tipo de examen vas a tomar y si será un proveedor externo, algunas veces no te darán información pero vale la pena preguntar.
Ve a internet y averigua sobre ellos, hay muchos links para practicar las pruebas que realizan las empresas en un proceso de reclutamiento.

2. Enfócate en tus debilidades
Si sabes en qué fallas haz hincapié en reforzar esa área. A mí en lo personal siempre me cuesta la parte de razonamiento abstracto, si esto es un problema para ti tómate el tiempo para practicarlo.

3. Tienes poco tiempo para contestar
Casi siempre hay un tiempo específico para contestar, así que practica todo lo que puedas antes de la prueba.

4. Lee bien las instrucciones
La mayoría de los errores que cometemos se deben a no leer bien las indicaciones. Tómate el tiempo para comprender lo que te piden. Que   no

te ganen los nervios.

5. Sé tú mismo
Muchas pruebas tienen algoritmos para saber si estás diciendo la verdad o si titubeas. Piensa cada respuesta y sigue tus instintos.

6. Descansa bien el día anterior
Es importante que hagas la prueba habiendo descansado lo suficiente. Si estás agotado no rendirás igual.

7. Haz ejercicio
Hacer ejercicio moderado unos minutos antes puede ayudarte a segregar endorfinas, lo cual te ayudará a contestar mejor. Igualmente es recomendable la gimnasia cerebral, hay muchos ejercicios en la red.

8. No te pases con el café
No quieres estar alterado o con un estado de ánimo en el cual los nervios lleguen a traicionarte. Necesitas estar calmado, no acelerado.

9. Relájate y respira
Recuerda que tu estado de ánimo es clave. Los ejercicios de respiración te pueden ayudar a relajar y a enfocarte mejor.

Links para practicar

- JobTestPrep
- Graduates First
- SHL Talent Measurement
- Institute of Psychometric Coaching
- AssessmentDay
- Cubiks.com
- Psychometric Success

Capítulo VII
¿Cómo lucirte en una entrevista?

En cuanto al tema de las entrevistas puedo decirte que a lo largo de mi carrera he vivido todo tipo de historias al momento de realizarlas. Te voy a compartir algunas para que aprendas de los errores y aciertos de los candidatos.

El fanfarrón
Una de las peores entrevistas la experimenté recientemente. El candidato parecía lleno de sí mismo, se vendió como la última cerveza del estadio y durante toda la entrevista se enfocó en preguntar sobre las prestaciones y el salario. Pasó horas hablando de un paquete de acciones y de cómo mi cliente podría hacer para compensarle ese dinero en caso de contratarlo. Al final descubrimos que tenía semanas de haber renunciado a su posición, lo que lo dejó fuera del proceso automáticamente.

El no invitado
Otra que recuerdo muy bien fue un candidato que llegó sin cita a un ejercicio de evaluación. Llegó a base de mentiras, escribiendo directamente a uno de los directivos que venía de Estados

Unidos para entrevistar a los finalistas. Entró a la sala de juntas como Pedro por su casa. Lo entrevistamos por mera educación. Durante la entrevista nunca respondió a mis preguntas ni me miró a los ojos, en todo momento se dirigió al director con la jerarquía más alta. Fue su primera y última entrevista.

El engañoso
Hace muchos años tuve una entrevista que se convirtió en una terapia emocional. El candidato acababa de divorciarse, estaba muy deprimido y pasó media hora llorando por causa de su divorcio. Era una entrevista telefónica. Lo peor es que mientras hablaba con él me enteré por las redes sociales que el cuate había secuestrado a sus dos hijas y tenía procesos penales en su contra. La noticia aparecía en los principales periódicos.

El asertivo
Esto le sucedió a un allegado. Era una entrevista telefónica y al iniciar la conversación la entrevistadora le dijo: "Ya revisé tu currículo detenidamente y no tengo preguntas. Esta entrevista dura una hora, así que tienes una hora para explicarme por qué eres la persona indicada para este puesto" Se quedó en silencio. En ese momento dio la entrevista por perdida y convencido de que no iba a ser seleccionado se

arriesgó a hacer dos preguntas: 1) ¿Cuál ha sido su experiencia profesional y no profesional que la llevó al puesto que ocupa ahora? 2) ¿Cuál es su expectativa respecto a la persona que busca para el puesto? Entonces la entrevistadora comenzó a hablar sobre su trayectoria llegando a tocar incluso aspectos personales. Él continuó haciéndole preguntas y ella siguió respondiendo. Después de un rato su tono pasó del tono ejecutivo a amigable. Cuando quedaban cinco minutos dejó de hablar y le preguntó si deseaba agregar algo, a lo cual él respondió: "Creo que su experiencia, sumada a la mía, harán posible alcanzar y exceder las expectativas".

La supersexy
Estábamos realizando entrevistas para una posición ejecutiva en un banco y llegó una candidata vestida como si fuera a bailar en un lugar exótico, era imposible verle a la cara porque su atuendo distraía demasiado. En cualquier momento parecía que iba a sonar la música y ella comenzaría a quitarse prendas.

Hay candidatos que llegan con su mamá y hemos tenido que pedir que la señora no entre a la entrevista.

Algo muy común cuando damos seguimiento a los candidatos vía telefónica es que las esposas empiezan a querer negociar los sueldos y condiciones de sus maridos.

LAS 10 COSAS QUE MÁS ODIAMOS LOS HEADHUNTERS Y LA GENTE DE RECURSOS HUMANOS

1. Impuntualidad

Bien sea una entrevista personal, por videoconferencia o telefónica. No hay nada peor que nos puedan hacer que llegar tarde. Para mí es un claro mensaje que dice: "Tú tiempo no es más importante que el mío". Me parece una falta de respeto.

2. Las mentiras

A lo largo de los años nos vamos convirtiendo en detectores de mentiras. Mi mejor consejo es que seas honesto y no tengas miedo a ser tú mismo. Eventualmente las mentiras siempre salen a flote. Omitir trabajos en tu CV, omitir que ya saliste de una empresa para negociar mejor sueldo o bonos de contratación, omitir que tienes procesos abiertos con otros clientes, terminará perjudicándote, porque es información que tarde o temprano quedará al descubierto.

3. No presentarse a la entrevista

Es lo peor. Se excusa si falleció un pariente cercano o tuviste un accidente, pero vivimos en una época en la que no se justifica enviar un correo para posponer la entrevista. Lo mismo sucede cuando quedamos para una entrevista telefónica y la persona no contesta o contestan para decir que están ocupados.

4. El que constantemente menciona a la gente importante que conoce

Son aquellos que mencionan a todo el mundo por el primer nombre y preguntan con un tonito: "¿Lo conoces?". Si la respuesta es negativa dicen con el mismo tonito irritante, arqueando una ceja: "Ah, ¿no lo conoces?". Eso no habla de tu capacidad para hacer networking, por el contrario, mandas el mensaje erróneo.

5. Los que no se preparan

No me canso de mencionarlo. Es clave ir bien preparado para las entrevistas, hacer tu tarea, investigar sobre la empresa, llevar tu set de preguntas. Si no te preparas estás dando el mensaje de que no te importa. Eso te descartará automáticamente.

6. Voz de ratón o monosílabos

Es importante que hables con claridad, si el entrevistador no te escucha difícilmente podrá evaluarte. Evita responder con monosílabos, queremos conocerte, tampoco es preciso que cuentes tu vida, pero si no te explayas en algunas respuestas quedarás en desventaja.

7. Falta de precisión

Trata de ser lo más conciso posible y responder lo que te están preguntando. Dar muchas vueltas para responder una pregunta puede resultar desesperante para quien te entrevista. El modo en que respondes se asociará a tu desempeño. Lo que se nos vendrá a la mente es: si da tantos rodeos para contestar una simple pregunta, cómo será para tomar una decisión en el trabajo.

8. Preguntas malas o nulas

Cuando te hablo de preparar un set de preguntas no me refiero a que lleves cualquier pregunta, éstas deben tener sentido, deben mostrar tu nivel de preparación, tu investigación sobre la empresa y tu interés por trabajar en la misma. Valoramos las preguntas con sentido, las que no cumplan con ese requisito simplemente están fuera de lugar.

9. Respuestas vagas o subjetivas respecto a los logros

Es muy común y bastante perjudicial que cuando se pregunta respecto a los logros muchos candidatos den respuestas como "mucho", "muy bien", o simplemente den respuestas vagas. Eso no nos sirve, necesitamos tener una idea clara de tus logros a nivel de porcentajes, por lo que tu respuesta debe reflejar con la mayor claridad tus logros. "Muy bien" o "mucho" no nos sirven.

10. El silencio

Cuando intentamos dar seguimiento a un candidato nos encontramos con que no nos contesta, ni ofrece ninguna explicación. Además de ser de mal gusto, esa actitud puede crearte mala reputación en el medio. Si ya no te interesa el trabajo o conseguiste otro mejor comunícalo, pero no ignores a alguien que invirtió tiempo en entrevistarte.

¿QUÉ PONERTE PARA UNA ENTREVISTA?

Recuerda que la primera impresión es clave, por lo tanto es vital que te esmeres en preparar el atuendo apropiado. El primer consejo que te doy es: vístete para el trabajo que quieres, no para el que tienes. Hay que planear lo que te vas a poner la noche anterior. Si ya averiguaste el código de vestimenta, lo importante sea cual sea el código, es verte profesional y bien arreglado.

Lo básico

  - Que tu ropa esté limpia y bien planchada. Pruébatela la noche antes para asegurar que te queda bien, que no esté descosida, manchada, o sea incómoda.
  - Utiliza colores neutros.
- Asegúrate de que tus zapatos estén limpios. Tanto para hombres como para mujeres deben ser zapatos cerrados.

- Córtate y límpiate las uñas.
- Si eres hombre date una buena afeitada o ve a la barbería a que te recorten bien la barba.
- Procura que tu ropa hable de tu personalidad, pero que no la grite.
- Si tu trabajo es en modas o maquillaje siempre deberás usar las últimas tendencias.
- Evita los colores brillantes.
- Minimiza las joyas.
- Procura que tu cinturón y zapatos sean del mismo color.

MUJERES

- La manicura debe ser en tonos neutros, nada de uñas postizas.
- Tu bolsa debe ser discreta y profesional, debe ir acorde con el color de tu outfit y zapatos.
- Cuida que tu maquillaje sea muy natural.
- Si tienes dudas respecto a si tu falda es muy corta, seguramente lo es.
- No uses demasiado perfume.
- Péinate bien.
- Nada de escotes ni nada embarrado o provocador.

Casual
- Jeans oscuros o pantalón y una blusa o suéter.
- Falda a la rodilla con una blusa.

- Flats o tacones, evita llevar zapatos abiertos.

Business Casual
- Pantalón negro.
- Vestido azul marino o negro.
- Faldas de lápiz.
- Suéter con botones o un saco.
- Flats o tacones no abiertos.

Formal
- Traje sastre, juego con el saco y la falda o pantalón.

HOMBRES

Casual attire
- Jeans oscuros o pantalón de vestir y una camisa o polo.
- Zapatos cerrados que estén limpios.

Business Casual
- Pantalones de vestir negros o azul marino, camisa y corbata.
- Saco opcional.
- Zapatos tipo Oxford o mocasines.

Formal
- Traje sastre de color oscuro con camisa y corbata que te queden bien.
- Evitar corbatas psicodélicas.

EL DÍA DE LA ENTREVISTA

Lo que debes hacer

- Antes de la entrevista siempre le digo a los candidatos que hagan la pose ganadora de Rocky, eso te carga de energía.
- Llega quince minutos antes.
- Mírate en un espejo.
- Dale un alto a la investigación.
- Ten pensamientos felices.
- Saluda cordialmente a todos.
- Espera de manera profesional y cuida tu lenguaje no verbal desde la sala de espera.
- Apaga tu celular.
- Respira y ten calma
- Saluda firmemente
- Deja que te indiquen donde te vas a sentar.
- Gánate a la gente con tu positivismo y autenticidad. Sonríe.
- Habla de tus habilidades y de tus logros dando ejemplos de lo que hayas conseguido, utiliza cada oportunidad que puedas para conectar tus logros y habilidades con lo que necesita la posición.
- Siempre sé honesto.
- Sé concreto.
- Ya te preparaste muy bien, así que te va a ir increíble. Recuerda tus fortalezas claves y lo que te hace la persona adecuada para el puesto.

Lo que NO debes hacer

- Llegar tarde o corriendo, sudado y de prisa. Asegúrate de poner la alarma.
- No saludar a la recepcionista. Debes ser amable con todas las personas que vayas conociendo.
- Sentarte como mamarracho, como estatua o robot.
- Fumar antes de la entrevista.
- No lavarte los dientes.
- Llegar sin desayunar.
- Estar chateando con tus amigos, riéndote, etc.
- Hablar como ratón o hablar muy alto.
- Dar respuestas monosilábicas.
- Darle mil vueltas a una pregunta, si no la entendiste vuelve a preguntar, si no sabes di "No sé".
- Hablar, hablar y hablar, sin dejar espacio para que te pregunten.
- Decir mentiras.
- Trata de no sobrevenderte, esto habla de nerviosismo y denota inseguridad.
- Jamás hables mal de nadie, aun si tuviste el peor jefe o trabajaste en la peor empresa. No hablar mal de nadie es una regla de oro.
- Ser arrogante.
- Evita hablar de tu vida personal, a menos que te lo pidan. Enfócate en la parte profesional.

Tips para después de la entrevista

- Contactar a tu entrevistador.
- Si puedes, toma las tarjetas de presentación y sus números de contacto.
- Puedes preguntar si tienen alguna duda y se vale, si sentiste buen rapport con tu entrevistador, que le preguntes cómo te fue.
- Es importante que preguntes cuándo quieren llenar la posición o cuándo esperan tomar la decisión de contratación, esto te dará el período de tiempo para hacer seguimiento.
- Cierra tu entrevista pensando qué hiciste bien y qué podrías mejorar, pero no te claves ni te sientas mal si cometiste algún error, escríbelo y evita repetirlo en tu próxima entrevista.
- Si no has seguido a la compañía en LinkedIn tienes una valiosa segunda oportunidad para hacerlo.
- El mismo día envía una carta de agradecimiento por el tiempo que invirtieron en tu entrevista. Aprovecha la oportunidad para mencionar lo interesado que estás y cualquier cosa que hayas olvidado.
- Respira, ya pasaste la peor parte.
- Pregunta cuáles serían los siguientes pasos y de qué manera es mejor.

ENTREVISTAS TELEFÓNICAS

Mientras buscas trabajo debes estar preparado

siempre para una entrevista telefónica y pensar que es igual de importante que una entrevista personal.

A lo largo de mi trayectoria, estas son las entrevistas que más me gustan, aunque no lo creas hay muchísimas cosas que podemos "leer" por teléfono (tono de voz, respiración, pausas), las cuales hablan muchísimo de ti.

Además, como no tienes a la persona en frente una parte de ti se relaja porque no estás cuidando tu aspecto y tu comunicación no verbal, puede llegar a crearse una intimidad muy fuerte. No olvides que literalmente se están hablando al oído. En muchas compañías es muy común que el primer filtro sea telefónico.

Lo primero que querrán medir es si tienes los puntos básicos que pide la descripción del puesto, si estás en sintonía con la personalidad y cultura de la empresa, así como cuán interesado estás en trabajar con ellos.

Estas entrevistas son muy comunes si la posición está en otro lugar geográfico y además son muy eficientes en términos de costos.

La entrevista seguramente será agendada con anticipación vía e-mail o incluso vía telefónica, en el momento en que te marquen debes estar preparado para hablar.

Si estás buscando trabajo recuerda contestar con educación a todas tus llamadas, sé que recibimos muchas llamadas molestas   de cobradores o vendedores, pero es posible que te marquen de un número que no conoces, así que prepárate y contesta siempre atentamente. No olvides checar que el mensaje de tu correo de voz suene profesional.

Tips para una buena entrevista telefónica
Tienes que prepararte igual que para las otras y considerar que una entrevista telefónica y una personal tienen el mismo nivel de importancia. Fundamenta tu preparación de acuerdo con lo ya expuesto para las otras entrevistas.

Antes de la llamada
- Prepara tu entrevista y tus preguntas.
- Asegúrate de tener la hora correcta y el número de contacto del entrevistador.
- Aclara muy bien si ellos te van a marcar o esperan que tú les marques.
- Toma un té o un café, lávate los dientes y calienta tus cuerdas vocales.
- Aunque estés en tu casa y la entrevista sea por teléfono, báñate y arréglate como si fuera presencial, esto pondrá tu mente en el mood adecuado.
- Cuida que en el lugar donde tomarás la llamada no haya ruido, animales, bebés o que no vayas manejando.
- Asegúrate de estar en un lugar con buena recepción. Si sabes que tu oficina o casa tienen

problemas de recepción enciérrate en un cuarto o sala de juntas y concéntrate.

- Utiliza audífonos para optimizar la recepción del sonido.

- Avisa a toda la gente que esté en tu casa que vas a tener una entrevista.

- Apaga la tele.

- Ten a mano un vaso con agua.

- Si se tardan o no llaman no te desesperes, envía un correo o WhatsApp para hacerles saber que estás listo para recibir la llamada.

Al recibir la llamada

- Toma la llamada a tiempo. Cuida tu puntualidad como lo harías en una entrevista personal.

- Si te marcan y no estás preparado deja que conteste el correo de voz y regresa la llamada un minuto después.

- Contesta tú el teléfono. Evita que la llamada la tomen tus familiares. A mí en lo personal me gusta contestar diciendo mi nombre.

- Entiende bien quién te está marcando, si sabes de antemano quién será investígalo en LinkedIn.

Durante la entrevista

- Escucha con detenimiento. No empieces a hablar hasta que el entrevistador termine de preguntar.

- Ten siempre una copia de tu CV frente a ti durante la entrevista telefónica, así como una copia de la descripción del puesto y de tu carta de presentación.
-   Tómate tu tiempo para contestar sin extenderte demasiado.
- Toma notas.
- Sonríe, aunque no lo creas hacerlo cambia el tono de tu voz.
- Habla con energía y entusiasmo.
- Haz preguntas inteligentes.
- Deja que te interrumpan, estas son entrevistas más rápidas y probablemente deseen enfocarse en un punto específico.
-   Ponte cómodo, pero no tanto que te adormezcas. Mantener una buena postura ayudará a que tu voz sea más clara.
- Cuida tu tono de voz y articulación, asegúrate de que te estén escuchando bien.

Antes de finalizar la entrevista
-   Pide los datos del entrevistador, pregunta cuál es la mejor manera de contactarlo.
- Pregunta si quieren saber algo más.
- Pregunta cuáles son los siguientes pasos.
- Recuerda dar las gracias.

Después de la entrevista
-   Envía un correo agradeciendo el tiempo del entrevistador, aprovecha para destacar tu interés

y exponer brevemente por qué serías la persona ideal para esa posición.

Lo que NO debes hacer
- Fumar, tomar o comer.
- Interrumpir.
- Ser monosilábico o eternizarte en las respuestas.
- Hacer la entrevista echado en un sillón o en la cama, la voz cambia.
- Usar el micrófono del auto.
- Usar speaker.
- Hacer la entrevista recién despertado, tu voz sonará a cruda.
- Poner mute, se escucha y es muy grosero.

ENTREVISTA POR VIDEOCONFERENCIA

Básicamente debes tener en cuenta los puntos que he referido para las anteriores. En este caso agregaría:
- Verifica la conexión a internet.
- Checa que el equipo desde el que te vayas a conectar funcione correctamente. Verifica el sonido.
- Practica con alguien antes de la entrevista, pide feedback.
- Mi recomendación es hacerla desde una PC de escritorio o laptop, evita las tablets o celulares, ya que la imagen no será estable y tendrás las manos

ocupadas, lo cual puede restarte concentración.

- Conéctate unos minutos antes de la hora pautada.

- Si la videoconferencia es vía Skype asegúrate de que tu foto de perfil sea profesional y que aparezca tu nombre completo, no un apodo.

- La iluminación es muy importante. Haz antes una prueba para elegir la más conveniente. Evita los efectos de sombras que te hagan ver extraño o fantasmal.

- Verifica que el fondo no muestre nada demasiado personal, inapropiado o llamativo que pueda distraer la atención del entrevistador. Recomiendo fondos neutros, elige uno que realce tu imagen.

- Cuida tu apariencia personal. Debes vestirte como si fueras a una entrevista personal.

- Vigila que el encuadre que te muestre no sea un close up ni esté demasiado alejado. Lo ideal es un encuadre de la cintura o el pecho hacia arriba, lo que en el cine llaman plano medio o medio corto.

- El lugar para colocar la cámara también es clave, el encuadre debe permitir que el entrevistador te vea a los ojos. El contacto visual es importante.

- Cuida tu gestualidad, vigila tu postura corporal.

- Cuando el entrevistador esté hablando mira a la pantalla, cuando seas tú quien hable mira   a la cámara.

- Mírate antes en un espejo para asegurarte de que no haya ningún detalle fuera de lugar en tu rostro, dientes o cabello.
- Asegúrate de que no haya ruido en el lugar de la entrevista o sus alrededores.
- Pregunta si te están escuchando bien.
- Asegúrate de no ser interrumpido por alguien de tu casa durante la entrevista.
- Baja el tono de los teléfonos.
- Recuerda sonreír y transmitir una imagen cordial sin exagerar.

SEGUNDAS ENTREVISTAS

¡Felicidades! Si te han llamado para una segunda entrevista quiere decir que has sido seleccionado entre muchos candidatos. Siéntete orgulloso, pero no bajes la guardia porque el reto continúa.

Una segunda entrevista quizá quiere decir que ya te entrevistarás directo con quien podría ser tu jefe o alguien con más jerarquía dentro de la empresa.

Serán entrevistas que abordarán con más detalle tu capacidad para el puesto, específicamente cómo ayudarías a resolver sus problemas, qué valor agregarías.

TIPS BÁSICOS PARA SEGUNDAS ENTREVISTAS

Checa bien tu agenda
A veces después de un primer filtro podrás tener varias entrevistas en un día, pregunta muy bien cuánto tiempo necesitarás apartar.

Revisa tus notas de entrevistas anteriores
Vuelve a leer todo tu Cheat sheet de la compañía, revisa de nuevo la descripción del puesto y lo que esperan de la persona.

Prepara las respuestas a las preguntas comunes que ya revisamos
No te olvides de dar tus respuestas con el método STAR.

Vuelve a hacer una investigación sobre tu entrevistador
Puedes investigarlos en LinkedIn. Vuelve a escribir preguntas para ellos, ya que en esta ocasión podría tratarse de tu potencial jefe o compañeros de trabajo. Aprovecha la oportunidad para preguntar sobre estilos de liderazgo.

Realiza preguntas claves
¿Qué esperan que el candidato ideal logre en 3, 6, 12 meses? ¿A qué retos te enfrentarías si fuera tuya la posición? ¿Por qué está abierta la

vacante? ¿Cuál es el plan de carrera para esa posición? Puedes aprovechar para obtener más datos sobre la cultura de la empresa.

Evita hablar de números a menos que lo pregunten

Ya expusiste tus logros en la primera entrevista. Hablar de números en esta siguiente etapa es un riesgo innecesario. Abórdalos solo si la pregunta así lo requiere.

Muestra seguridad y entusiasmo

Recuerda que siempre buscamos la pasión en los candidatos, nos gusta la gente que ama lo que hace.

Manda tus notas de agradecimiento

Este tipo de detalles habla de tu buena educación y eso siempre se valora.

***

Te dejo un plus
Uno de mis clientes más importantes y CEO de una startup muy famosa nos cuenta su experiencia a la hora de entrevistar candidatos.

¿Qué es lo primero en lo que te fijas de un candidato cuando tienes una entrevista? En una personal y en una telefónica o por videoconferencia.
En lo primero que me fijo es en la puntualidad, sin importar el medio por el cual sea la entrevista.

En el caso de una entrevista personal procuro saber con cuánto tiempo de anticipación llegó el candidato o la candidata a la oficina.

En el caso de una videoconferencia me conecto entre dos y tres minutos antes y me fijo si el candidato está ya disponible.

¿Cuáles son las tres preguntas que más te gusta hacer?
En realidad, no tengo tres preguntas específicas que siempre hago, más bien a cada entrevista llego con un enfoque de lo que quiero aprender de cada candidato.

Para posiciones de liderazgo hago preguntas sobre éxitos y fracasos en proyectos anteriores, enfocando más mi atención en los fracasos. Me interesa saber si el candidato acepta y asume su responsabilidad y hasta qué grado intenta distribuir la culpa sobre otros.

Para posiciones de personas orientadas a la ejecución (por ejemplo, ingenieros, diseñadores gráficos, etc.) me enfoco en su capacidad para aprender de errores que hayan cometido en experiencias previas.

¿Qué es lo que consideras algo muy negativo? La arrogancia. La falta de capacidad de admitir, reflexionar y aprender de errores o fracasos.

¿Tienes alguna anécdota de alguna entrevista nefasta y una maravillosa?
Nefastas muchas, pero esas no valen la pena resaltarlas.
La mejor entrevista que hice fue en mi primera startup. Estábamos contratando a un líder para Desarrollo de negocios
Uno de los candidatos nos hizo sentir a mi socio y a mí (en aquel momento tendríamos veinticinco años) que nos encantaría que él se convirtiera en un mentor para nosotros.
Lo contratamos y lo hicimos COO de la empresa, aunque antes de conocerlo no teníamos la posición de COO abierta.

Capítulo VIII

¿Cómo negociar tu sueldo?

Aunque parezca increíble, te puedo decir que más del 90% de los candidatos a los que entrevisto no tienen claro cuánto ganan.

Si vas a estar en un proceso de entrevistas es importantísimo tener a la mano por lo menos dos recibos de nómina actuales, guardar siempre el que refleje los pagos de bonos y comisiones y otro en el cual se vean reflejados los aguinaldos. Todo esto con el fin de que el entrevistador pueda comprobar tus ingresos y tú puedas tomar una buena decisión en cuanto a la parte monetaria. Aprende a conocer bien tu recibo, investiga si te pagan quincenal, semanal, mensual o catorcenal y aterriza bien tus ingresos según el tiempo reflejado en el recibo.

Si tienes el mismo ingreso con el que te contrataron también es bueno tener a la mano una copia de la propuesta que te hicieron al inicio para tu posición actual.

Ahora vamos a explicar los beneficios que dan las empresas en México, revisa bien cuáles son las prestaciones de ley en tu país.

Te recomiendo hacer una hoja de Excel parecida a esta:

Salario

	Mensual (MXN)	Anual (MXN)
Sueldo (neto)		
Comisión mensual promedio (últimos 6 meses)		
Comisión trimestral promedio		
Bono anual		
Bono productividad		
Otros		

Prestaciones y compensaciones

	Mensual (MXN)	Anual (MXN)
Vales de despensa ($)		
Vales de gasolina ($)		
Vales de comida ($)		
Fondo de ahorro (%)		
Aguinaldo (días)		
Vacaciones (días)		
Prima vacacional (%)		
Auto de la compañía		
Mantenimiento del auto		
Seguro de gastos médicos mayores		
Otros Renta de casa		

En la columna "Compensación Actual/Última" coloca tu compensación actual y en la de "Compensación Sugerida", en el momento que recibas una propuesta salarial, vacía toda la información de la propuesta.

Lo importante es no hablar de cuánto quieres ganar en términos de sueldo base, lo que siempre recomiendo es hablar de un porcentaje de incremento en tu paquete total anualizado.

¿QUÉ DEBES CONOCER RESPECTO A TUS INGRESOS?

1. ¿Cómo te pagan?

Debes tener claro si se trata de una nómina interna (yo la llamo "100% Kosher"), es decir, si está 100% declarado al IMSS (Instituto Mexicano del Seguro Social) o si te pagan a través de un outsourcing con algún esquema fiscal.

Cuánto ganas Bruto —esto quiere decir antes de impuestos— o Neto —ya restando impuestos—. Cuando hables de ofertas tienes que aclarar si lo que estás diciendo que ganas es Bruto o Neto.

La mayoría de las empresas hablan en términos BRUTOS, así que siempre tendrás que restar los impuestos a la oferta que te hagan. Revisa tu oferta en términos Brutos y Netos.

Para saber cuánto ganas Neto en México te recomiendo la siguiente página para no complicarte con teoría fiscal, ya que el cálculo de impuestos puede ser algo complejo: http://nominax.com/Zona-Nominax/CalculadoraSueldoNeto

2. Sueldo base

Cuando te pregunten tu sueldo base no sumes extras, calcula si es Bruto o Neto. Por ejemplo, si tu sueldo mensual es de 10 mil pesos, la empresa te descuenta por concepto de impuestos y cuotas del IMSS cerca del 10%, sin embargo, este porcentaje va subiendo con salarios más altos. En este caso de sueldo Bruto serían 10.000 y de sueldo Neto 9.000. Utiliza la herramienta de nominax para ver cuánto te descuentan de acuerdo con lo que ganas.

Revisa siempre tu oferta en términos netos, a veces las compañías que pagan a través de outsourcings con esquemas fiscales te permiten quedarte con más dinero al mes, sin embargo, no siempre te pagan el IMSS o tu Afore (Administradora de Fondos para el Retiro), si no lo hacen tendrás que cotizar en cuánto te saldría poner esto por tu cuenta y restarlo al sueldo base de la propuesta.

3. Aguinaldo

Por ley en México se pagan 15 días. Averigua bien cuánto se paga en tu compañía, no tengas miedo de acercarte a tu gerente de RH para que te explique tu compensación.

4. Fondo de ahorro / Caja de ahorro

No todas las empresas en México tienen estas prestaciones, pero ya son más frecuentes. Su objetivo es fomentar el ahorro del empleado mediante descuentos periódicos sobre su sueldo. Son muy atractivos y muchas veces te permiten acceder a préstamos.

Caja de ahorro

Es un ahorro que se crea con tus aportaciones voluntarias, se obtiene mediante descuentos a tu salario y es opcional, nadie puede descontarte sin tu consentimiento.

Si tienes Caja de ahorro puedes acceder a tu dinero cuando lo necesites, a menos que tengas deudas por préstamos anteriores.

Fondo de ahorro

Se conforma de dos partes:

A.- Tu dinero ahorrado.

B.- Las aportaciones de la empresa.

Por lo general la empresa se compromete a aportar siempre una misma cantidad mientras tú lo hagas, es una prestación que está negociada en un contrato colectivo. Solo puedes acceder a tu dinero en fechas predeterminadas: a final de año o cada seis meses, dependiendo de lo negociado.

Por ley esta prestación tiene un tope del 13%. Es el porcentaje límite que puedes ahorrar mensual y normalmente la empresa pone la misma cantidad. A veces está topado legalmente y esto se calcula con una fórmula compleja en México, considerando el valor diario de UMA (Unidad de Medida y Actualización), el porcentaje límite y el factor mensual en días.

Averigua con tu representante de RH cuál es el porcentaje topado de Fondo de ahorro del año en curso. Revisa bien tu comprobante de ingresos, si tienes la prestación debe venir reflejada.

Es muy importante que al momento de comparar lo que ganas con lo que te están ofreciendo averigües si la compañía tiene esta prestación. Si la tiene y tú la disfrutas en tu trabajo actual, compara solamente el monto mensual que la compañía te está depositando.

Si actualmente tienes prestación de Fondo de ahorro y no está incluida en la nueva oferta recuerda reflejar el porcentaje que la empresa te está depositando, no lo que te restan, porque ya declaraste tu sueldo base completo en el punto 2.

5. Vales de despensa

El objetivo de esta prestación es reponerte parte de lo que se te retiene en tus prestaciones, principalmente en el sueldo base. No todas las empresas lo ofrecen, revisa bien tu recibo de nómina. Normalmente son una retribución en especie, no te los dan en efectivo. La cantidad de

vales de despensa varía mucho de una empresa
a otra.

Existen dos topes: el del IMSS o el del ISR.
A
veces no tienen un tope legal, así que investiga bien en tu recibo.

Al igual que en el punto anterior, pregunta si la empresa que te hace la oferta tiene esta prestación para que puedas comparar bien tus ingresos anuales.

6. Vacaciones

Por ley en México si tienes más de un año laborando en la misma empresa tienes la prestación de vacaciones pagadas por tu empleador.

Normalmente si tienes la prestación de vacaciones por ley serán 6 días el primer año al 25% de prima vacacional, los días de vacaciones incrementan a medida que acumules más años trabajando en tu empresa.

Por ley se utiliza esta tabla:
- Año 1: 6 días
- Año 2: 8 días
- Año 3: 10 días
- Año 4: 12 días
- De 5 a 9 años: 14 días
- De 10 a 14 años: 16 días
- De 15 a 19 años: 18 días
- De 20 a 24 años: 20 días
- De 25 a 29 años: 22 días
- De 30 a 34 años: 24 días

• De 35 a 39 años: 26 días

No todas las empresas tienen la misma prestación. Por lo general si son empresas transnacionales esta prestación es mayor. Verifícala bien en tu propuesta y con el área de RH de tu empresa.

Para calcular el monto que te pagan de vacaciones puedes ingresar al siguiente link:

http://laeconomia . com . mx/tabla - de - vacaciones/

7. Comisiones

Este es un punto importantísimo. Si trabajas en el área de ventas debes saber perfectamente cómo se compone tu pago de comisiones, cuál es tu cuota mensual, si es sobre facturación, sobre cobranzas, o está basada en rentabilidad.

Recuerda bien que los logros de los que hablaste en la entrevista deben ser totalmente congruentes y estar alineados con lo que expreses aquí.

Además de saber cómo se componen tus comisiones te recomiendo calcular un buen promedio mensual, semestral o anual de tus ingresos por concepto de comisiones.

Si tienes una oferta analiza cómo se pagan las comisiones, sobre qué base y cada cuánto tiempo. Averigua cuál es el promedio de comisiones que reciben en esta posición y si las mismas están topadas o no.

Como estamos hablando de analizar tu

propuesta con base en totales anualizados, si tienes en puerta algún proyecto fuerte que va a comisionar un promedio más alto de lo que ganas, es momento de reconocerlo y sumarlo a tu compensación total anualizada.

8. Bonos

De igual manera debes saber muy bien cómo se componen y sobre qué base: resultados individuales, grupales, del país donde trabajas, nivel de compañía o una combinación de las anteriores. Cada cuánto los pagan. Averigua bien todos los puntos antes de tomar una decisión.

9. Acciones

Esta es una prestación utilizada por muchas compañías para puestos gerenciales, directivos y de niveles más altos.

Hay que entenderlas muy bien porque son herramientas muy poderosas de retención de empleados y si las tienes puede significar muchísimo dinero para ti.

Hay paquetes muy complejos y vamos a platicar sobre los básicos de la prestación de acciones.

Si tienes un plan de acciones tienes derecho a comprar un número específico de acciones de tu compañía a un precio garantizado por un período de tiempo.

Tus acciones tendrán un tiempo para ser adquiridas, para ejercerlas y una fecha de expiración. No puedes cobrar tus acciones antes de la fecha en que puedas ejercerlas, así como tampoco después de la fecha de expiración.

Hay dos tipos de opciones

- NQS- Acciones no calificadas.
- ISOs- Acciones de incentivos.

La diferencia radica en los impuestos que se les aplican.

Es un tema muy variable en las empresas. Algunas te dan la opción de comprar y otras te dan acciones cada cierto tiempo con reglas respecto a cada cuánto las puedes ejercer.

Si tienes un plan de acciones normalmente habrá una compañía que te las maneje. Consulta con tu broker.

Es muy importante que sepas si la nueva compañía las tiene. Si no las tiene se tiene que negociar bien sea un bono por contratación, para compensar lo que estarías perdiendo por cambiar de compañía, o bonos anuales garantizados que puedan compensar esta prestación que no te están dando.

10. Auto o monto mensual para comprar un auto, gastos para autos y gasolina
Si tienes prestación de auto debes saber qué tipo de prestación es. ¿Es utilitario? ¿Tienes opción

de compra? Si es así ¿en cuánto tiempo y a qué costo? Por lo general en México es con base al Libro Azul. Si vas a comprarlo ¿te dan un monto específico o te dan un monto mensual? Esto es el Car Allowance y no debe confundirse con el rubro de Gasolina, el cual debes sumar a tu compensación anualizada, así como verificar si te lo ofrecen en la otra compañía.

En Gastos de Auto verifica si actualmente, y en la nueva propuesta, están considerados los gastos de mantenimiento, placas, verificación y, muy importante, pago de casetas.

Por todo esto hacemos mucho hincapié en que verifiques la distancia de tu casa al trabajo. De igual forma si tu trabajo implica viajes o desplazamientos por tu ciudad verifica si están integrando el pago de casetas y gasolina, si no lo tienes tendrás que pagarlo de tu bolsillo y afectará tu comparativa de ingresos actuales vs. la oferta.

11. Beneficios

Dependiendo del tipo de empresa hay diversos beneficios:

- Seguro de vida.
- Seguro de gastos médicos mayores. ¿A quién incluye? ¿Solo a ti? ¿A tus familiares?
- Seguro de gastos médicos menores.
- Check up anual.
- Gimnasio.

- Seguro dental.
- Seguro de visión.

Revisa si la oferta los incluye, si no es así ten a la mano una copia de tus pólizas y cotiza con un broker en cuánto te saldría contratarlos por fuera. En ese caso tendrías que monetizarlo como un ingreso anual extra que te ofrece tu compañía actual.

¿CUÁNTO PEDIR DE INCREMENTO?

Debemos entender que estamos sujetos a reglas de mercado.

Si tienes trabajo la idea es adelantar tu carrera de dos a tres años. Si pensamos en incrementos salariales, del 5% anual por inflación piensa en un mínimo de un 10% a un 15% sobre tu paquete total.

No hables nunca de sueldo base, sino de porcentajes. Recuerda que aún no conoces bien las prestaciones de la empresa.

Si actualmente tienes trabajo cuentas con mayores posibilidades de negociar. Si tienes un incremento en puertas puedes ponerlo sobre la mesa de negociación y argumentar que en tu plan de carrera tienes un incremento de sueldo por una nueva posición, por lo tanto, puedes pedir un poco más.

El parámetro es pedir entre un 10% hasta un máximo del 30% de incremento del paquete   total.

Si no tienes trabajo, lamentablemente perdemos mucha capacidad de negociación, por lo que el parámetro es partir de un paquete total igual al último que tuviste. Mi sugerencia sería siempre pedir por lo menos lo mismo que ganabas en tu último trabajo como compensación total anualizada.

En ese caso cuida muchísimo cuánto vas a negociar. Tienes que hacer el mismo ejercicio de comparar tu compensación pasada con lo que actualmente te están ofreciendo. Mi consejo es jamás bajar del 15%, como máximo 20%, respecto a lo que ganabas en tu anterior trabajo.

Pienso que con incrementos mínimos anuales de un 5% lo que estás haciendo es retrasar tres años tu carrera en términos económicos, a menos que la nueva posición te ofrezca un buen plan de carrera en menos tiempo.

Si la oferta está por debajo de lo que ganas, o por debajo de tus expectativas, no tengas miedo a negociar, sobre todo si eres vendedor siempre se espera algún tipo de negociación. Puedes negociar muchos puntos siempre y cuando no rompas un equilibrio dentro de la empresa, si nadie tiene seguro médico ni seguro de vida, o alguna prestación como vales de despensa o Fondo de ahorro, puedes negociar esta diferencia en el sueldo base.

Si eres vendedor pide que tu jefe te explique muy bien cómo se compone la cuota de   ventas y pregunta siempre cuál es el rango de comisión promedio que se lleva un vendedor. Es igual para el caso de los bonos.

Si te pones mercenario pidiendo incrementos de más de un 30%, sobre todo si no tienes trabajo, puedes perder la oportunidad.

Recuerda siempre que en la manera de pedir está el dar.

Capítulo IX

¿Cómo dar seguimiento al proceso de entrevistas?

Dar seguimiento a un proceso de entrevistas es un arte que requiere mucho tacto e inteligencia.

Es hora de demostrar tu interés. Si por alguna razón la propuesta no te motiva es el momento perfecto para decirlo. A veces nos cuesta trabajo decir que no, pero créeme que le estás haciendo un gran favor a todos los involucrados.

Después de cualquier entrevista, ya sea con el área de RH o con quien toma la decisión de contratación, asegúrate de enviar un correo de agradecimiento. Debes hacerlo antes de que se cumplan las 24 horas luego de tu entrevista.

Para nosotros es de suma importancia medir el interés y la pasión de los candidatos respecto a la posición que les ofrecemos.

No olvides pedir la tarjeta de presentación a tus entrevistadores y ubicarlos a través de LinkedIn. Esto mostrará tu interés en la posición.

Te recomiendo agradecer vía e-mail, LinkedIn o WhatsApp, en lo personal prefiero que sea por esos medios, una llamada me parece más intrusiva.

Qué debe llevar este correo

- Tu agradecimiento por el tiempo que invirtieron entrevistándote.
- Muestras de entusiasmo e interés en la posición.
- Resaltar tus puntos fuertes y cómo sientes que puedes agregar valor.
- Mencionar algo que hayas olvidado decir en la entrevista. Si sientes que cometiste un error, o que dijiste algo que no deberías. puede ser una buena oportunidad para dejar claro el punto y señalar lo que realmente quisiste decir.
- Aclara que estarás dando seguimiento en un lapso de siete a diez días.
- Cuida tu ortografía.
- Sé breve.
- Revisa tres veces antes de enviar el correo.

Ejemplo

Estimada XXX:

Fue un placer conocerte en la entrevista para la posición de XXX.

Después de escuchar sobre esta posición y su estrategia para llevar a cabo x, y, z, me siento seguro de poder añadir valor debido a mi experiencia en x, y, z, en la que he logrado x, y, z.

Gracias por tomarte el tiempo para conocerme. Estaré en contacto contigo la próxima semana para dar seguimiento, no dudes en contactarme si tienes algun pregunta.

Espero saber pronto de ti.

Saludos cordiales,

XXX

Tips adicionales

- Antes de escribir tu nota de agradecimiento debes pensar a quién va dirigida. Como ya señalé antes: si en la entrevista con esa persona surgió alguna pregunta o algún detalle que quieras aclarar es el momento de hacerlo.

- Piensa en esta nota como tu pitch de ventas de elevador. Además de una nota de agradecimiento, es a la vez una oportunidad de venderte para la posición, por lo tanto, si sientes que hay algo importante que no te preguntaron y es relevante para la posición, aprovecha para mencionarlo.

- En caso de que la posición no te interese, agradece a cada uno de los entrevistadores y de manera muy educada, después de dar las gracias por el tiempo invertido, puedes comunicarles que tomaste la decisión de no seguir en el proceso. Menciona brevemente el porqué de tu decisión. Hazlo con mucho tacto, porque no queremos quemar cartas.

Ejemplos

"Agradezco mucho su consideración, sin embargo, he decidido tomar otra oferta con otra compañía..."

"Después de pensarlo mucho he decidido que no es el mejor momento para dejar mi trabajo…"

"Creo que esta es una gran oportunidad, sin embargo, he decidido explorar otro rol que en estos momentos creo que hace mejor match con mis objetivos profesionales…"

Recuerda dejar las puertas abiertas:

"Muchísimas gracias por su apoyo, fue un placer conocerlos. Espero que podamos encontrarnos profesionalmente en un futuro cercano. Les deseo lo mejor"

Llamadas

Como ya señalé, yo prefiero los correos. No obstante, atreverte a llamar puede reforzar tus habilidades de comunicación y demostrar la seguridad que tienes como candidato.

- Antes de hablar haz un script con los puntos que deseas abordar.

- Empieza la llamada preguntando si es un buen momento para que puedan hablar.

- Identifícate con tu nombre completo, el nombre de la posición y el día de tu entrevista. Aprovecha brevemente para dar las gracias y cerrar rápidamente diciendo por qué crees que serías un buen match para la posición.

Recomendaciones

- Haz un seguimiento de siete a diez días después de la entrevista, o en la fecha en te dijeron que iban a tomar la decisión.
- Recuerda que los procesos de reclutamiento son largos.
- Para una posición es posible que entrevisten a un promedio de treinta a cuarenta personas, mientras más escalas en la jerarquía de la empresa las agendas se vuelven más complicadas.
- Aunque a veces es cierto que no cierran los procesos y nos olvidan, ten presente que las cosas toman tiempo y no quieres quedar como acosador
- Hay una línea muy tenue entre mostrar interés y mostrar necesidad.
- Recuerda que un vendedor con hambre no vende.
- No pienses en negativo o que ya perdiste la oportunidad, no saques conclusiones anticipadas.
- No tengas miedo de tocar base, no vas a quedar mal y es un proceso muy común en las entrevistas.

Ejemplo

Hola, Fulanito
Espero que todo esté muy bien, en nuestra entrevista mencionaste que iban a tomar decisión sobre la posición XXX esta semana.

Me encantaría tener noticias sobre los siguientes pasos.

Por favor avísame si hay algo que necesites para este proceso de toma de decisiones.

Te reitero mi interés en ser parte de su equipo...

O algo simple como:

Estimado XXX

Espero que estés muy bien.

Te escribo para ver si tienes noticias sobre la posición XXX para la cual me entrevisté contigo en X fecha. Deseo reiterarte mi interés.

Saludos

De tu primer correo o contacto para agradecer debes recibir alguna respuesta. Si no lo haces lo recomendable es volver a escribir en un promedio de diez días. En ese momento vuelves a reiterar tu interés en la posición y dices que quedas a la espera de noticias en cuanto a los siguientes pasos.

¿Qué pasa si recibes otra oferta?

Si esta posición es tu primera opción y ya recibiste una oferta de otra compañía que no está nada mal, pero no quieres perder la oportunidad de saber qué pasó con esta primera opción, no tengas miedo de escribir a tu entrevistador tan pronto como recibas la oferta, tampoco tengas miedo de decir que la recibiste, si eres el candidato ideal ayudarás a acelerar el proceso.

Estimado XXX
Espero que todo esté bien.
Quisiera checar el estatus de la posición XXX. He recibido una oferta de otra compañía, sin embargo, continúo muy interesado en formar parte de su equipo y quisiera saber si tienen alguna noticia respecto a esta posición antes de tomar una decisión. Por favor avísame tan pronto puedas.
Mil gracias.

Si algo cambia en tu carrera o posición
Si durante el período de entrevistas algo cambia en tu vida que sea relevante, o en tu posición, es momento de comunicarlo. Si renunciaste, si hubo recorte de personal, si recibiste una promoción, siempre es buen momento para contactar a tu entrevistador.

Si no hay respuesta
Te recomiendo que sigas en contacto, nunca sabes cuándo puedes necesitar de esa persona. Así no te llamen no veas esta relación como un fracaso, sino como un nuevo añadido súper valioso en tu red.
Mantén el contacto, a veces es bueno mandar artículos o alguna información que consideres relevante, o para felicitarlos por algún   logro

empresarial que hayan tenido ellos o la empresa, y agradece siempre las respuestas.

Periódicamente checa a tus entrevistadores en LinkedIn.

Con quién tener contacto
Si llegaste a una compañía a través de un Head Hunter te sugiero que todo el contacto sea a través de esa persona. Claro que puedes enviar una carta de agradecimiento a tus entrevistadores, pero por razones de etiqueta y respeto con quien debes hacer el seguimiento es con el Head Hunter que te llevó a esa posición.

Si llegaste por tu cuenta el seguimiento se debe llevar con la gente de Recursos Humanos.

Lo que NO debes hacer
- Ser acosador, hacer seguimiento cada diez días. Dos semanas basta entre cada contacto.
- Agregar a tus entrevistadores a Facebook.
- Omitir información sobre otras ofertas, si renunciaste o si tuviste un recorte de personal.
- Asumir que ya no es la posición para ti o mandar un correo sacando conclusiones.

Capítulo X

¿Cómo evaluar una oferta de trabajo?

¡Felicidades! Recibiste la oferta ¡Qué gran momento!

Un millenial cambia de trabajo en su vida laboral un promedio de once veces. ¡Son muchas ofertas! A veces pasamos más tiempo decidiendo a dónde vamos a ir de vacaciones que analizando una oferta laboral.

Ten presente que un trabajo es el lugar donde vas a estar más de ocho horas diarias, más que con tu familia, así que lo mejor es evaluar bien lo que te están ofreciendo. No corras a aceptar una oferta, no tengas miedo de pensarlo bien y revisar cuidadosamente todos los puntos.

Si recibes una oferta generalmente tendrás de 24 a 48 horas para revisarla, está bien tomarte tu tiempo.

Ya tenemos un capitulo para evaluar tu oferta en términos estrictamente económicos (Capítulo
8: ¿Cómo negociar tu sueldo?). Aquí hablaremos de otros puntos importantes.

1. Investiga a tu empleador

En teoría ya lo hiciste antes de la entrevista, pero tómate tu tiempo nuevamente, saca al detective que llevas dentro e investiga para cerciorarte de que en realidad estás en sintonía con esa empresa.

Checa las redes sociales, sobre todo si quieres saber la opinión de quienes trabajan ahí. Escucha y lee atentamente los comentarios de la gente. Revisa las noticias en Google, ve si hay nuevas adquisiciones, recortes en puerta, etc. Lo mejor es contactar con alguien que trabaje dentro de la compañía para que te platique sobre su experiencia trabajando en ella.

Es importante que investigues a profundidad sobre los valores, el ambiente de trabajo y su cultura. ¿Estarías orgulloso de decir que trabajas ahí? Infórmate bien respecto al estilo de liderazgo de tu jefe, dependiendo de eso tu adaptación puede ser fácil o puede resultar un shock.

Consulta los reportes financieros de la compañía en caso de que estén disponibles, presta particular atención a sus ganancias y rentabilidad para ver si están bajo presión o algún recorte podría ser inminente, indaga si hay algo que pueda afectar a la compañía de manera externa.

No tienes una bola de cristal, pero debes sentirte seguro de estar uniéndote a un equipo que no va a colapsar.

2. Tiempo de dedicación
Toma en cuenta cuánto tiempo requerirá de ti ese

trabajo. ¿Estás dispuesto a darlo? ¿Normalmente la gente trabaja horas extra?

Averigua qué tan abiertos son con los permisos o si existe la posibilidad de hacer home office. Sobre todo, si tienes hijos y requieres flexibilidad en el horario.

3. Plan de carrera

Ahora puede ser tu prioridad tomar una posición por cualquier motivo, pero piensa siempre a mediano y largo plazo. Si aceptas una chamba por impulso o por un incremento, pero se trata de una posición en la que no hay posibilidad de crecimiento, estás perjudicando tu carrera.

Puede que el incremento no sea tan importante y sin embargo permita un plan de crecimiento bien trazado.

Piensa si el trabajo que te ofrecen añade valor y hace juego con tu plan de carrera personal, no pienses tanto en el dinero, a veces esto es más relevante.

¿Se trata de una posición retadora? ¿Te ofrecerá nuevas experiencias que te permitan crecer?

4. Tus valores

Revisa de nuevo la Misión, Visión y Valores de la empresa. ¿Son acordes con los tuyos? ¿Su desarrollo es algo con lo que estés de acuerdo? ¿Su trabajo y actividades hacen fit con tu ética personal?

5. Tu puesto y el ambiente de trabajo

Pide platicar con tu jefe si tienes alguna duda. Debes sentirte completamente seguro de que estarás feliz en tu trabajo y saber específicamente qué se espera de ti en 3, 6 meses o un año. ¿Las expectativas son realistas? ¿Honestamente puedes con el reto? O una vez que tomes la posición comenzarás a sentir que puedes defraudar a tu empleador no cumpliendo con los objetivos y acumulando enormes cargas de estrés. O por el contrario, las actividades no parecen retadoras, el reto es menor a lo que has venido haciendo. Imagínate en la posición durante un año ¿te sentirías retado o aburrido? ¿Cómo es la gente con la que vas a trabajar?

6. Tu vida personal

¿Qué está pasando ahora en tu vida personal? ¿Realmente es el momento para tomar esta decisión? ¿Hay algo en tu vida personal que te impida tomar esta posición?

Algunas posiciones implican dejar negocios personales, o dejar de estudiar para cumplir con las horas de trabajo, o sacrificar calidad de vida, viajes, etc.

Evalúa bien esta parte. ¿Esta posición pone en riesgo tu vida personal o le añade valor? No todo es dinero. ¿Qué precio le pones a tu bienestar emocional? ¿A tu tranquilidad, a tu calidad de vida, a poder estar con tu familia?

7. Costos ocultos

Tal vez no lo has pensado, pero hay costos ocultos detrás de esta decisión: traslados, gasolina, estacionamiento, lugares para comer, viáticos, etc.

Irte por un incremento de sueldo sin evaluar estos costos ocultos puede resultar en ganar menos de lo que esperabas.

8. Tu voz interior

Siempre he pensado que todos tenemos un sabio adentro. ¿Qué te dice tu voz interior? ¿Estás listo para irte a trabajar al siguiente día o hay algo que no te suena bien?

Escucha con atención tu voz interior, porque suele tener la razón. Trata de indagar por qué no estás 100% convencido y no aceptes hasta tener claridad.

Toma la decisión

Algunas ofertas son lo que yo llamo pan comido, si ésta lo es acéptala y ve a celebrar. Si en términos generales te gusta, pero tienes dudas y quieres negociar algunos puntos, puedes hacerlo. Si de plano la oferta no te interesa recházala con mucho tacto.

Si aceptas la posición

Normalmente te pedirán que envíes una copia escaneada con la oferta y tu firma.

- Da las gracias por la oportunidad.
- Coloca la firma de recibido.
- Coloca la fecha en la que estarás
  iniciando.

¿Cuándo iniciar?
El período sugerido es que tomes dos semanas
para empezar. No te quieres ir tirando tu
trabajo, esto no hablaría bien de ti.

Renuncia tan pronto firmes la propuesta
enviada y tómate dos semanas para cerrar tu
ciclo y entregar bien la posición, se pueden
negociar tres semanas, pero tendrías que
hablarlo con tu empleador. Te sugiero tomarte
como máximo para realizar la transición de
dos a tres semanas. Si no tienes trabajo
puedes empezar lo antes posible.

¿Cómo rechazar una oferta?
Lo primero es: ¿Estás seguro de que no
quieres la oferta que te hicieron? Si es por
cuestiones de dinero ya platicamos que
puedes negociar. Si mandas una carta de
rechazo no hay vuelta atrás.

Lo mejor que puedes hacer es ser amable y
comunicar que no te interesa, sin quemar
puentes y coartarte futuras oportunidades.

Ejemplos
-    Si no te gusta la compañía. No te gustó la
cultura o el supervisor, o sus productos o

servicios. Es suficiente decir: "Les agradezco mucho la oportunidad, sin embargo, creo que no es un buena decisión en este momento de mi carrera". Es mejor no decir nada negativo de la empresa.

- Si no pagan suficiente: "Les agradezco infinitamente esta oportunidad de desempeñarme como XX en su compañía XX. Me entusiasma muchísimo el rol y formar parte de su equipo, sin embargo, debo rechazar la oferta debido a que el nivel salarial no es lo suficientemente interesante en este momento de mi vida". Es posible que recibas una contraoferta y puedas negociar

La carta debe ir dirigida a quien te extendió la oferta. No tienes que dar muchos detalles y por favor revisa la ortografía.

Recuerda no ser ofensivo ni decir nada negativo de la compañía o su personal.

Capítulo XI

¿Cómo manejar un proceso de renuncia?

¡Ya aceptaste la oferta! Es tiempo de renunciar y la cosa no va como lo planeaste. Tu jefe seguramente está enojado por perderte y es posible que te haga una contraoferta en un esfuerzo por retenerte dentro de la compañía.

Los cambios de trabajo son difíciles, es normal que sientas ansiedad por irte de tu trabajo, dejar a tus compañeros y amigos para aventurarte en algo desconocido. Todo eso puede nublar tu capacidad para tomar una decisión.

No porque la posición nueva y el cambio den miedo quiere decir que no se trate de algo positivo. Debes entender que todos los cambios hasta cierto punto dan miedo.

Las contraofertas siempre causan mucha confusión, puedes llegar incluso a sentir remordimientos.

No dejes que tu renuencia al cambio, el miedo a abandonar tu zona de confort o el apego a lo familiar, nublen tu juicio. Pregúntate siempre si la posición que estás tomando es un paso positivo y representa un avance en tu carrera. ¿Será mejor de lo que tienes? Si la respuesta es SÍ, toma la decisión con seguridad y antes de lo pensado sentirás de nuevo esa familiaridad.

¿Por qué las compañías hacen contraofertas?

Muchas compañías jamás contra-ofertan, otras lo hacen como una práctica muy común. ¿Qué pasa cuando alguien renuncia?

Primero la moral sufre, particularmente la de la gente más cercana a ti, la gerencia se dará cuenta y tu renuncia será vista con un reflejo muy poco favorable para tu jefe. Tu ausencia puede poner en peligro el progreso de algún proyecto, aumentar la carga de trabajo de tus compañeros, interferir con el calendario de vacaciones de la gente, y además les sale muy caro en términos de tiempo, energía y todos los costos que implican reemplazarte.

Así que es mucho más barato para ellos hacerte una contraoferta. Puede ser un aumento de sueldo, una promoción, un cambio en la descripción del puesto o una combinación de estos factores. También puede ser apenas una promesa de lo que podría venir a futuro. Esta última opción podría ser para ellos una manera de ganar tiempo para que termines ese proyecto pendiente mientras preparan a algún compañero o consiguen a alguien para reemplazarte.

¿A qué suena una contraoferta?

Lo que quieren es que te quedes, por lo que una contraoferta estará llena de piropos.

"¿Cómo que te vas? Estábamos en medio de este gran proyecto y tú eres muy valioso para nosotros, no te lo queríamos decir hasta el próximo cuarto, pero estábamos a punto de darte un incremento por tu buen desempeño, y que sepas lo mucho que te valoramos. ¿Por qué no lo hacemos efectivo de inmediato?".

"No teníamos idea de que estabas infeliz ¿Por qué no platicamos antes de que tomes una decisión? Lo que sea lo podemos negociar".

"Sabes que tenemos grandes planes para ti. ¿Qué puede hacer por ti la nueva compañía?".

La verdad detrás de las contraofertas
Las contraofertas son súper tentadoras y muy efectivas para inflar tu ego, aunque a veces vienen acompañadas de amenazas: estás a punto de poner en riesgo tu vida, tu carrera.

La verdad es que las contraofertas casi nunca funcionan y te voy a decir por qué: No importa lo que digan, la compañía ya te marcó como un traidor, ya rompiste la lealtad al aceptar otra oportunidad. Este sentimiento se quedará en ellos, aunque aceptes la contraoferta. Perderás la confianza de la gente que te rodea.

Además, los jefes tienen buena memoria y no van a olvidar tu lapso de falta de lealtad, no importa cuán breve haya sido.

Eventualmente las razones por las que decidiste dejar la compañía saldrán a la superficie, las estadísticas dicen que si aceptas una contraoferta es muy probable que cancelen tu contrato en un lapso de seis meses a un año.

No estoy diciendo que no valoren tu trabajo, pero tus intereses y tu carrera siempre serán secundarios para tu jefe, tampoco significan mucho para el total de la compañía o para el CEO.

Si la contraoferta implica un incremento de lana, piensa de dónde viene ese dinero, tal vez era tu próximo incremento y esto solo prolongará tu próxima revisión de sueldo. Todas las compañías tienen presupuestos que cumplir, así como rangos y bandas salariales que no pueden romper.

Además de ser un curita a corto plazo, nada va a cambiar dentro de la compañía. Créeme, los Head Hunters sabemos que la mitad de los que toman una contraoferta reinician su búsqueda de trabajo en los próximos tres meses.

Finalmente, cuando tomes una decisión evalúa bien tu trabajo actual y compáralo con el nuevo como si no tuvieras empleo. ¿Qué oportunidad tiene más potencial? Seguramente la nueva, por algo la buscaste. Que no te ganen el sentimiento de confusión y los remordimientos.

¿Qué pasa por la cabeza de un jefe cuando uno de sus empleados renuncia?

- Esto no podría pasar en un peor momento.
- Es uno de mis mejores empleados, si lo dejo ir la moral de mi equipo se va a ir por los suelos.
- Ya tengo una vacante y no necesito otra.
- Mi trabajo puede estar en riesgo porque sin esta persona no cumpliré mis objetivos.
- Tendré carga extra de trabajo, quizá pueda retenerlo mientras encuentro a alguien nuevo.
- Ya le iba a ofrecer un incremento.
- ¿Por qué se va? ¿Qué necesita para quedarse?
- ¿Qué hice mal?
- ¡Qué ingrato!

El CEO querrá hablar contigo antes de que te vayas. Te dirá más de lo mismo:
- "¡Estoy en shock! Pensé que estabas súper feliz. ¿Por qué no lo discutimos?".
- "Tenemos súper noticias para ti que te íbamos a decir, eran confidenciales hasta ahora, te íbamos a subir el sueldo el próximo mes, pero lo haremos efectivo lo antes posible".
- "¿Con quién te vas a trabajar?"
- "Te daremos una nueva y mejor promoción, más responsabilidades, más reportes, más manos que te ayuden"

Te harán sentir culpable. Intentarán jugar con tus emociones.

Cuando una persona renuncia eso habla

directamente del jefe, a menos que seas un incompetente, así que su reacción instintiva será querer retener. Es parte de su naturaleza humana.

También es parte de tu naturaleza humana que una parte de ti desee permanecer ahí, a menos que tu vida laboral haya sido una miseria. Los cambios son muy difíciles y los jefes lo saben, por lo que presionarán los botones correctos para que te quedes.

¿Entonces qué hacer?

Como reclutadora te digo que he escuchado miles de historias de terror después de que alguien acepta una contraoferta, la empresa te va a querer retener porque retenerte es más barato que buscar a tu reemplazo. Punto.

- Cuando estés listo para irte, vete.
- Si ya tomaste la decisión y aceptaste, sé firme.
- No dejes que la contraoferta le quite atractivo a la nueva posición.
- Sé congruente y apégate a tu decisión.
- Piensa en el futuro y en lo que te hizo tomar la otra posición.

Cuando renuncies

- Evita los malentendidos y manda tu renuncia por escrito.
- Enfócate en lo positivo de la nueva oportunidad.

- Al momento de renunciar no te sientas presionado a dar los motivos por los cuales te vas, simplemente di como el padrino: "Me hicieron una oferta que no podía rechazar".
- Ofrece tu ayuda en el momento de transición.
- Entrega bien tu trabajo.
- Ofrece dos semanas al menos, como ya lo habíamos señalado para que puedas entregar tu puesto y toda la información a la persona indicada.
- Mira hacia el frente. Recuerda que la magia sucede cuando sales de tu zona de confort.

Es muy importante que salgas por la puerta grande, con un buen proceso de renuncia.

Cuando entregues tu puesto idealmente debes entregar toda la información. Si renuncias y tienes disponibilidad inmediata puedes quedar mal con el nuevo empleador, nadie quiere a una persona que deja todo tirado y suelta de un día para el otro. Si lo haces con tu actual empleador, pensarán que lo podrás hacer con ellos.

No todas las empresas te piden estas dos semanas, habrá empresas que te querrán fuera en el momento en que renuncies, prepararán tu caja y te acompañarán a la salida.

Tips para antes de renunciar
- Firma primero la nueva oferta. Si ya tienes otro trabajo firma la propuesta de trabajo, si es posible firma un contrato laboral antes de entrar,

para tener mayor seguridad. Negocia todos los puntos. Jamás renuncies sin haber firmado la nueva oferta de trabajo y tener una copia firmada por tus nuevos empleadores.

- No des indicios de que te vas. No quites las fotos de tu escritorio. Ve ordenando tus cosas y limpiando tu computadora poco a poco, de tal manera que si al renunciar tu jefe te pide que dejes de inmediato la empresa ya estés preparado.

- Toma previsiones. Si no tienes una oferta de trabajo asegúrate de tener suficiente dinero ahorrado como para vivir por lo menos seis meses.

- Checa bien tu cobertura de gastos médicos. Antes de renunciar fíjate cuánto tiempo estarías cubierto y cómo sería la transición con el nuevo seguro, si es que lo tienes.

- Limpia tu computadora. No estoy hablando de robar información que le pertenece a la compañía, pero ten cuidado con dejar documentos personales, a veces tenemos cargadas en la computadora de nuestra oficina nuestras cuentas personales de correo, redes sociales, fotos, documentos, información bancaria. Puedes llevar una USB o ir enviando tu información a tu correo personal. Asegúrate de borrar los archivos de tu oficina.

-E-mail. Si en tu correo corporativo tienes correos personales, sálvalos, reenvíalos a tus cuentas personales, guarda la información personal de los contactos que tengas en tu computadora. Asegúrate de guardar las direcciones de correo y teléfonos de tus compañeros de trabajo, jefes y de todas las personas con las que quieres mantener contacto después de renunciar. Luego les puedes enviar una carta de despedida a todos ellos para compartirles tu información personal y número telefónico. No envíes ninguna carta antes de renunciar.

- Celular. Si tienes un celular de la oficina copia la información de tus contactos y cárgalos a tu celular personal.

- Software. Si bajaste algún programa que es relevante solo para ti, pero no lo era para la empresa, bórralo.

- Internet. Borra tu historial de navegación, cookies y todas las contraseñas que hayas salvado. Puedes hacer esto accediendo a la parte de Herramientas de tu navegador preferido y darle a la opción de "borrar historial".

- Organiza. Ve ordenando tus papeles, guarda solamente lo necesario. Llévate tus cosas personales poco a poco.

- Haz un plan de cómo vas a entregar tu puesto de trabajo. Trata de no dejar a tu jefe o a tus compañeros de trabajo en blanco respecto a los proyectos y el estatus de estos. Trata de cerrar todas las tareas que puedas. Haz una lista con las recomendaciones de cómo podrían transferir tus responsabilidades, y a quién. Prepara toda la información para la persona que va a recibir tus responsabilidades. Informa respecto a todos tus pendientes, contactos, tareas, avances, logros.

- Haz tu script de renuncia. Siempre tienes que ser positivo y jamás hablar mal de nadie, ni verbalmente ni por escrito. Simplemente di a tus jefes y compañeros que has disfrutado trabajar con ellos, todo lo que has aprendido y que estás eligiendo un nuevo reto.

Renunciar

Sigue un proceso adecuado para renunciar.

- Habla primero con tu jefe. Es mejor hacerlo en persona, si por alguna razón no puedes envía un e-mail. No hables antes con tus compañeros de trabajo, aunque te mueras de ganas de contar la historia, no queremos un radio pasillo y que tu jefe se entere por alguien más.

- No alardees. Quieres salir por la puerta grande y alardear sobre un nuevo trabajo no te va a dejar bien, recuerda que tienes que cuidar tu red de contactos y la vida da muchas vueltas.

- Encuentra el momento adecuado. Procura que el momento sea oportuno, que tu jefe esté desocupado y con disposición para escuchar.

- Ten preparada la renuncia. Cuando hables con tu jefe ten preparada la carta renuncia firmada y llévala contigo, si tu jefe y tú no comparten la misma oficina haz una cita y luego envía un correo con la carta.

- Prepara tu discurso No estás obligado a compartir información ni a dar retroalimentación, a menos que te la pidan. Si la piden yo siempre pienso en dar retro como sándwich: el pan es lo positivo.

- Abre y cierra la plática con todo lo positivo. Ya dentro del pan puedes hablar de todo, siempre y cuando lo hagas con tacto. Piensa en dar una retroalimentación valiosa que ayude a tu jefe, a tus compañeros y a la empresa a mejorar.

- Negocia tu período de entrega. Que éste sea muy claro. Dos semanas es el promedio de mercado, si están en medio de algún proyecto importante podrían negociarse de tres a cuatro semanas, siempre y cuando hables con tu nuevo empleador. Esto también lo enviarás por escrito al terminar la plática.

Tu carta de renuncia dese ser también una carta de agradecimiento, no importa lo que hayas vivido. Saca algo positivo de cada situación, agradece el aprendizaje.

Formatos de cartas de renuncia
Existen varios formatos, puedes elegir el que mejor te convenga y el que más se apegue a la cultura de tu empresa. Agrega tu toque personal.

Estos son los puntos que debe contener tu carta

- Comienza indicando tu posición o cargo desempeñado, así como el tiempo que laboraste con fecha de inicio y fecha de término. Especifica cuándo se hará efectiva la culminación de la relación laboral.

- Si lo consideras necesario especifica las causas de la renuncia, recuerda ahorrarte los comentarios negativos.
- Menciona si dejas tareas inconclusas y si las solventarás antes de irte, de no ser así aclara que dejas una lista con los asuntos pendientes.
- Recuerda agradecer por la oportunidad laboral.
- Frase de despedida.

Ejemplos

Estimado (nombre de tu jefe)
Te escribo con la finalidad de informarte que renunciaré a la posición xxxxxx.
Mi último día de trabajo será el (xx/xx/xxxx). Me gustaría agradecerte el haber sido parte de tu equipo, me siento muy orgulloso de haber trabajado para (nombre de tu compañía) y aprecio profundamente el tiempo y paciencia que han tenido conmigo, así como todo el entrenamiento. He aprendido muchísimo y sé que estas habilidades me han hecho un mejor profesionista.
Muchísimas gracias.
Atentamente,
XXX

Hay cartas más apegadas a la ley mexicana:

México D.F. a los xx del mes de xx de año xx. (Nombre del empleador)

Por medio de la presente le comunico que por convenir así a mis intereses particulares, he resuelto dar por terminada voluntariamente la relación laboral y/o contrato individual de trabajo que me unía con usted(es) en términos de la Fracción I del artículo 53 de la Ley Federal del Trabajo.

Le manifiesto expresamente que durante el tiempo que presté mis servicios nunca sufrí riesgo de trabajo alguno, de igual modo a la fecha no se me adeuda prestación alguna de ningún tipo, por último, y en virtud de esta renuncia voluntaria, no me reservo acción o derecho que ejercitar de ninguna naturaleza en el futuro, ni en contra suya, de su negocio, de su representante legal, ni de ninguna otra persona que hubiere sido mi patrón.

Ratificada que fue la presente en todas sus partes la firmo cruzando el texto y al calce para constancia.

Atentamente,
Nombre Apellido

TESTIGO   TESTIGO

_____   _____

_____

México D.F., día/mes/año
Nombre de tu jefe
Empresa
Presente.

Por medio de la presente comunico a ustedes que con fecha xxxx, y por convenir así a mis intereses, doy por terminada voluntariamente la relación de trabajo por virtud de la cual venía prestando mis servicios a (nombre de la empresa).

Hago constar que a la fecha me han sido pagados puntualmente y cuando tuve derecho, mis salarios ordinarios, extraordinarios, descansos legales y semanarios, comisiones, prima dominical, vacaciones, prima de vacaciones, aguinaldo anual, participación en las utilidades, prima legal de antigüedad y demás conceptos que se derivan de la Ley Federal del Trabajo, así como del Contrato Individual de Trabajo que me unió única y exclusivamente con (EMPRESA), por lo que otorgo a la empresa y/o a sus representantes el más amplio finiquito que en derecho proceda, no reservándome acción o derecho alguno que ejercitar con posterioridad.

Asimismo, manifiesto que durante el tiempo que estuve al servicio de la empresa, nunca sufrí accidente ni maltrato profesional alguno, por lo que igualmente otorgo el finiquito en los términos referidos anteriormente.

Esta renuncia se presenta con carácter irrevocable, misma que ratifico en cada una de sus partes.

Atentamente,
Tu nombre   Tu firma

Carta a tus compañeros y clientes

Lo importante es mantener siempre una buena relación con la gente con la que trabajaste y dejar una buena impresión, por eso vale la pena enviar una carta de despedida a tus clientes y compañeros de trabajo para asegurarte de que puedas mantener comunicación con ellos.

Sería un buen detalle si pudieras personalizar esta carta.

A quién la tienes que enviar

Supervisor o jefe, a tus reportes directos, a tus compañeros de trabajo y a tus clientes.

Qué debe llevar

Como título del correo incluye tu nombre y el hecho de que dejas la compañía.

Después del saludo expresa siempre tu gratitud a todas las personas que trabajaron contigo, diles cuánto los valoras y agrega que te gustaría seguir en contacto. Si es el caso, di que los vas a extrañar y si quieres ofrece tu ayuda en el futuro. Coloca tu información o dirección de contacto.

Ejemplos

Asunto – Noticias sobre Jacqueline Jardel Estimada XXX

Me gustaría decirte que estoy dejando mi posición en la empresa XXXX, he disfrutado mucho trabajar aquí y aprecio infinitamente la oportunidad de haber compartido contigo.

Muchas gracias por tu apoyo durante el tiempo en el cual trabajé aquí (puedes personalizar lo que agradeces de esta persona en específico). Voy a extrañar nuestras interacciones y el trabajar contigo.

Me encantaría seguir en contacto y sobre todo continuar manteniendo nuestra relación y contar con tus consejos en esta nueva etapa profesional.

Te dejo mis números:

Mi correo:

Muchas gracias por tu apoyo
Sinceramente
xxxx

***

Estimado XXX

Te quiero informar que estaré dejando esta posición en xx fecha. Voy a extrañar trabajar contigo y con el resto del equipo, sin embargo estoy muy entusiasmado de empezar un nuevo reto.

Gracias por tu apoyo y amistad, espero que podamos seguir en contacto.

Mi correo personal y teléfono:

Gracias por todo

Cartas para clientes

Si tienes contacto con clientes en la empresa a la que estás renunciando, es ético y recomendable que les comuniques que dejas la posición escribiéndoles una carta profesional.

Tencuidadoconloquecompartes,queremosque tu salida sea muy elegante, sobre todo profesional, y que sigas manteniendo una buena relación tanto con tus clientes como con tu empleador.

Qué debe llevar la carta

- Fecha en la que te vas.
- Razones positivas por las cuales dejas la posición.
- Quién se queda a cargo de la cuenta.
- Tu contacto personal.
- Si has tenido mucha interacción con este cliente es buena idea que digas algo positivo de él o ella, de su personalidad y cómo te ha ayudado.
- Debe tener un tono formal.
- Jamás digas nada negativo de nadie.
- Recuerda siempre terminar positivamente.

Ejemplos

Nombre de tu empresa
Dirección
Fecha
Cliente
Dirección

Estimado XXXX

Te escribo para comunicarte que estaré dejando mi puesto en XXXX, en xxx fecha para tomar una oportunidad como xxx en xxx compañía (esto es opcional).

He disfrutado muchísimo trabajar contigo durante este tiempo. Tu retroalimentación y ayuda siempre fueron cruciales para mejorar nuestros servicios.

Fulanito de tal estará a cargo de tu cuenta a partir de tal día. Le he platicado detalladamente sobre tus necesidades y estoy segura de que te dará un muy buen servicio. Su información de contacto es xxxxx xxxxx.

Me encantaría seguir en contacto contigo Te dejo mis datos

Sinceramente

Lo que debes hacer y lo que no debes hacer en la renuncia

Lo que debes hacer

- Prepárate bien como te mencionamos anteriormente.
- Da por lo menos dos semanas de anticipación para entregar tu puesto, a menos que la situación sea ya insostenible, si estuvieras por alguna

razón en peligro, sufres acoso sexual, tienes alguna urgencia familiar, no te han pagado en semanas. En esos casos se pueden negociar estas dos semanas, pero no porque estés enojado, porque te urge entrar a un nuevo lugar, o salir corriendo.

- De ser posible, ofrece tu ayuda si tienes algún proyecto pendiente, para buscar a tu reemplazo o para capacitar a alguien.

- Pide una referencia, siempre se nos olvida, pero es muy importante que pidas tu carta de recomendación.

- Renuncia personalmente.

- Entrega tu carta renuncia.

- Sé amable, despídete de todos.

Lo que no debes hacer

- No presumas de que te vas.

- No dejes el puesto sin dar un tiempo para entregarlo.

- No seas negativo ni hables mal de nadie.

- No olvides despedirte de tus compañeros.

- No olvides pedir tu carta de recomendación.

- No olvides tener todos los contactos de tus compañeros.

Capítulo XII

Tips para tus primeros 30 días de trabajo

¡Enhorabuena! Finalmente tienes el reto por el cual trabajaste tan duro.

Mi abuela decía siempre que el que pega primero pega dos veces, tienes treinta días para demostrar quién eres y dar una muy buena impresión que te permita entrar con el pie derecho.

Para tener unos primeros treinta días exitosos sigue la regla de la **HUMILDAD**.

Te podría dejar sólo con esta palabra y la definición de la Real Academia Española:

> humildad.
> (Del lat. humilĭtas, -ātis).
> 1. f. Virtud que consiste en el conocimiento de las propias limitaciones y debilidades y en obrar de acuerdo con este conocimiento.

Pero vamos a ampliar el concepto.

H — De Humildad y de Hábitos

No llegues creyéndote la última chela del estadio. Sí, fue un gran logro entrar y sin duda eres excelente, pero no hay nada peor que alguien que llega a una empresa con una actitud altanera o de sabelotodo.

H también de Hábitos. Es tu oportunidad para organizarte y desde un inicio crear hábitos sanos.

- No sólo llegar a tiempo, sino proponerte llegar temprano y salir tarde por lo menos el primer mes.

- Saber priorizar tu trabajo, organizarte, saber cuáles son tus prioridades, atenderlas y tomar treinta minutos diarios, quince al principio de tu jornada para planear tu día y ser eficiente, y quince minutos al cerrar tu día para reflexionar sobre tus aprendizajes.

- Crea el hábito de ser más curioso, honesto, flexible, abierto a nuevas oportunidades y experiencias.

H de Hacerte cargo, de tomar la responsabilidad por lo que dices, haces, no dices y dejas de hacer.

- Responsabilízate y toma las riendas de tu nuevo reto.

- Sé el arquitecto de tu destino y da lo mejor de ti cada día.

- Checa dos veces las cosas.

- Escucha y da acuse de recibo.

No quieras encontrar el hilo negro y llegar a cambiar las cosas o a sugerir cambios, a menos que te lo pidan. Para mí lo más importante el primer mes es tener la humildad de saber dónde estás, de entender cómo se hacen las cosas. Ya después tendrás tiempo de proponer cambios.

U — Unión de vínculos

Es momento de fortalecer tus habilidades de networking. Empieza a tomar todas las oportunidades que tengas para que te conozcan, ármate un elevator pitch sobre quién eres. Tendrás que estar repitiéndolo una y otra vez: quién eres, de dónde vienes.

Te recomiendo muchísimo, como dice Simon Sinek, que empieces por el "por qué", por el círculo dorado. Tus conexiones serán mucho más valiosas si en lugar de compartir quién eres, compartes por qué estás ahí y te das a conocer desde tu pasión por este nuevo reto.

Aborda cada oportunidad de conocer nuevas personas con entusiasmo, eleva tu nivel de energía. Aprovecha cada ocasión para escuchar con humildad. A la gente le encanta escuchar su propio tono de voz y tienes algo valioso que aprender de cada uno de ellos.

Aprovecha para crear estos vínculos preguntando dónde está todo, la cafetería, el baño, cómo se usa la impresora, la cafetera, todas estas interacciones te ayudarán a crear vínculos y a adaptarte mucho más rápido a tu nuevo entorno laboral.

M — Métricas

Es Importantísimo que entiendas qué es lo que se espera de ti. Qué es lo que tu jefe, tus compañeros de trabajo y tus clientes esperan de ti, y cómo lo van a medir. Aclara bien esta parte y ponte objetivos, trata de buscar Quick Wins para que tu trabajo empiece a brillar desde muy temprano.

Entiende también cómo miden a tu jefe, a tus compañeros, a tus clientes internos y externos, para que siempre puedas agregar valor.

I — Integridad

Cultiva el hábito de no ser parte de chismes, de radio pasillos.

Integridad porque vas a cometer errores, se espera que los cometas, pero lo que es importante y marca realmente la diferencia, es lo que haces después de cometer el error.

Empieza a hacerte cargo. Insisto: asume la responsabilidad de lo que dices y haces, de lo que no dices y dejas de hacer.

Una vez que vean que te haces cargo, te responsabilizas y empiezas a reaccionar con integridad, aprendiendo de cada experiencia, te empezarás a ganar el respeto de la gente.

L — Liderazgo

Date el tiempo de hablar con tu jefe, establece un vínculo fuerte con él desde el principio, conoce bien las líneas de autoridad de tu empresa y respétalas. Ten bien claro el organigrama. Si tienes personas a cargo es tu momento para mostrar un verdadero liderazgo.

Lidera dando un buen ejemplo y escuchando a cada uno de tus empleados, ellos también tienen expectativas respecto ti. ¿Qué esperan? Muéstrales claramente lo que esperas de ellos, que vean que vas a apoyarlos y a reconocerlos.

D — Dedicación
Dedícate en consciencia a todo lo que hagas, prepárate, conoce muy bien tu empresa, sus procedimientos, su lenguaje, su cultura. Dedícate con todo tu ser a conocer sus clientes, sus métricas. Dedícate a que tu curva de aprendizaje sea lo más corta posible poniendo mucha atención a tu inducción y al tiempo que cada uno de tus compañeros y jefes te regalará. Eso es lo más valioso.

A — Amistad
Muchas personas dicen que no van al trabajo a hacer amigos, en lo personal no podría estar más en desacuerdo con una frase.
Es el lugar donde vas a pasar más horas de tu vida. No te estoy diciendo que todos se vuelvan tus compadres o comadres, pero establece vínculos profundos, busca amigos, es tu oportunidad de demostrarle a la gente que interactúa contigo que en verdad te importan. Trata de tener detalles con todos.

D — Diviértete

Sé que tienes muchos nervios, tal vez tengas unos zapatos muy grandes que llenar, pero no hay nada como divertirse.

Disfruta cada parte de este proceso. Sonríe, saca provecho a cada instante, relájate. Si te diviertes tu actitud va a cambiar. Es el mejor estado de ánimo para subir tu energía y demostrar pasión y entusiasmo.

¡Suerte!

El que busca encuentra se terminó de
imprimir en diciembre de 2019. Su edición estuvo a cargo
de Epic Book Diseño Editorial, en la Ciudad de México.

www.epicbook.com.m

www.ingramcontent.com/pod-product-compliance
Lightning Source LLC
Chambersburg PA
CBHW030618220526
45463CB00004B/1335